JN093715

これだけ！組織再編&事業承継税制

公認会計士 佐藤信祐 著
税理士 長谷川太郎

第3版

中央経済社

第 3 版刊行にあたって

　平成13年度に導入された組織再編税制もすっかり定着し，多くの企業が組織再編を行うようになりました。その一方で，多くの企業にとっては組織再編税制のうち10%程度を理解しておけば十分であることから，ほとんどの公認会計士，税理士及び経理担当者にとっては組織再編税制のすべてを理解する必要はないと思われます。

　そのような理由から，平成29年 7 月に『これだけ！ 組織再編税制』を，また，事業承継税制の導入に伴って，平成30年 7 月に『これだけ！ 組織再編＆事業承継税制』を，そして令和 2 年 9 月に第 2 版を刊行いたしました。

　その後，令和 4 年 4 月 1 日にグループ通算制度が施行されるとともに，令和 4 年度税制改正では特例事業承継税制における特例承継計画の提出期限が令和 6 年 3 月31日まで延長されました。

　このような改正があったことから，組織再編税制及び事業承継税制だけでなく，組織再編及び事業承継全般を網羅した入門書を出版する良いタイミングであると考え，第 3 版を刊行することといたしました。第 3 版では，第 1 編第 9 章において解散及び清算，第11章においてグループ通算制度についての解説をそれぞれ追加するとともに，第 2 編を大幅に見直し，事業承継税制だけでなく，株価算定及び相続時精算課税制度を含めた解説を追加しています。

　本書の第 1 編では，組織再編に係る税制のうち，第 1 章から第11章において，ほとんどの公認会計士，税理士及び経理担当者が経験する論点のみを取り上げて解説しています。そして，第12章において，頻度の低い論点についても対応できるようにしたい読者の最初のステップとして，グループ外の合併，支配関係が生じてから 5 年以内のグループ内合併について解説をしています。

　さらに，第 2 編では，事業承継に係る税制のうち，ほとんどの公認会計士，

税理士及び経理担当者が経験する論点を取り上げて解説するとともに，第1編と同様に，次のステップとして，M&Aや組織再編と事業承継税制との組み合わせについて解説をしています。

　このように，本書では，実務での頻度が低いものをなるべく省略したうえで，組織再編及び事業承継に係る税務を必要最小限だけ理解して頂くことを目的としています。もちろん，なぜ，実務での頻度が少ないのかという点を説明することにより，そのようなものに遭遇してしまった公認会計士，税理士及び経理担当者の方々が，他の書籍を参考にして実務に対応できるような配慮はしておりますので，ご安心頂ければと思います。

　本書は，令和4年5月1日時点で公表されている本法，施行令及び施行規則をもとに解釈できる範囲内での私見により編集しました。本書が，組織再編及び事業承継に関与される公認会計士，税理士及び経理担当者の方々のお役に立つことができれば幸いです。

　最後になりましたが，本書を企画時から刊行まで担当してくださった中央経済社の末永芳奈氏に感謝を申し上げます。

令和4年5月

公認会計士　佐藤　信祐

税　理　士　長谷川太郎

目　　次

第9章　解散及び清算は特例欠損金と事業税を理解する

凡 例

正式名称	略　称
法人税法	法法
法人税法施行令	法令
法人税法施行規則	法規
法人税基本通達	法基通
グループ通算制度に関する取扱通達	グ通通
減価償却資産の耐用年数等に関する省令	耐省
所得税法	所法
所得税法施行令	所令
相続税法	相法
財産評価基本通達	財基通
登録免許税法	登免法
租税特別措置法	措法
租税特別措置法施行令	措令
租税特別措置法施行規則	措規
地方税法	地法
地方税法施行令	地令
会社計算規則	計規
中小企業における経営の承継の円滑化に関する法律	円滑化法
中小企業における経営の承継の円滑化に関する法律施行令	円滑化令
中小企業における経営の承継の円滑化に関する法律施行規則	円滑化規

本書の記述は，令和4年5月1日現在の法令等に依ります。

第1編

組織再編

- 組織再編のほとんどは，完全支配関係または支配関係のある法人間で行われます。
- グループ外の法人との組織再編，支配関係が生じてから5年以内の組織再編は，実務でほとんど行われません。
- 本編では，組織再編に係る税務のうち頻度の高い論点のみを取り上げ，解説しています。

第1章 合併は「吸収合併」「グループ内」「5年超」を理解する[3]

 本章のポイント

- ほとんどの合併は，完全支配関係（100%の資本関係）または支配関係（50%超100%未満の資本関係）のある法人との間で行われることから，グループ内の適格合併に該当します。
- ほとんどの合併は，支配関係が生じてから5年を経過していることから，繰越欠損金の引継制限・使用制限，特定資産譲渡等損失の損金不算入は適用されません。
- 無対価合併はリスクが高いため，可能な限り避けるべきです。

1 合併とは

(1) 概 要

　合併とは，2以上の会社が契約により1つの会社になることをいいます。そのため，合併を行った場合には，被合併法人の権利義務のすべてが合併法人に包括承継されます。ただし，被合併法人から合併法人に移転する不動産の所有権移転登記等の手続きは，包括承継であっても行う必要があるため，登録免許税の負担が発生します。

　合併の結果，被合併法人の株主が保有していた被合併法人株式が消却され，代わりに合併対価資産（合併法人株式など）が割り当てられます。しかし，会

社法上，被合併法人または合併法人が保有していた被合併法人株式に対しては，合併対価資産を割り当てることは認められていません（会社法749①三）。そのため，合併法人が被合併法人株式のすべてを保有している場合には，無対価合併を行わざるを得ません。

　会社法上，合併については，「吸収合併」と「新設合併」の2つが規定されています。吸収合併とは，被合併法人の権利義務のすべてが合併後に存続する合併法人に承継されるものをいいます（会社法2二十七）。また，新設合併とは，被合併法人の権利義務のすべてが合併により設立する合併法人に承継されるものをいいます（会社法2二十八）。

　新設合併を選択すると，被合併法人が複数になることから，所有権移転登記を行うべき不動産が増加するなど，手間とコストが増えてしまいます。さらに，合併法人で許認可や免許の再取得を行う必要が生じる場合もあるため，実務上，新設合併はほとんど行われていません。したがって，本書では吸収合併を前提に解説を行います。

用語解説

合併法人

　合併により被合併法人から資産及び負債の移転を受けた法人をいいます（法法2十二）。なお，会社法の条文では，吸収合併存続会社，新設合併設立会社と表記されています（会社法749①柱書，753①柱書）。

被合併法人

　合併によりその有する資産及び負債の移転を行った法人をいいます（法法2十一）。なお，会社法の条文では，吸収合併消滅会社，新設合併消滅会社と表記されています（会社法749①一，753①一）。

無対価合併

　会社法上，被合併法人の株主に対して，合併法人株式や現金な

どの合併対価資産を全く交付しない吸収合併が認められています。会社法749条1項2号において，「吸収合併消滅会社の株主または持分会社である吸収合併消滅会社の社員に対してその株式または持分に代わる金銭等を交付するときは」と規定されており，何ら合併対価資産を交付しない場合が想定されているからだといわれています。これは，吸収分割，株式交換であっても同様です。

　これに対し，新設合併，新設分割及び株式移転の場合には，無対価組織再編を行うことはできないと解されています。例えば，新設合併の場合には，会社法753条1項6号において，合併法人株式を交付することを原則としながらも，それに代えて，同条8号において，それ以外の資産を交付することを例外的に認めており，何ら合併対価資産を交付しないことは想定されていないからです。

■吸収合併

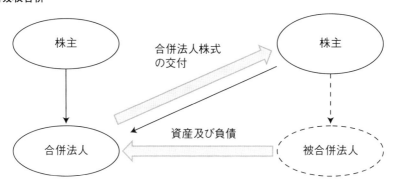

(2)　会社法上の手続き

　会社法上，合併の手続きとして，①合併契約書の締結，②株主総会の特別決議による承認，③事前開示及び事後開示，④債権者保護手続き，⑤登記手続きがそれぞれ必要になります（その他，株券発行会社では，株券提供公告が必要

になります)。

　このうち，④債権者保護手続きは，少なくとも1か月の期間が必要になります（会社法789②但書，799②但書)。

　さらに，官報への公告は，依頼してからすぐになされるわけではなく，約2週間の時間を要するといわれています。そのため，株主総会の招集通知を省略することができる場合であっても，最低でも2か月の期間が必要であるといわれています。

　なお，債権者保護手続きとしての公告は，決算公告を行っていることが前提になるので，決算公告を行っていない場合には，債権者保護手続きとしての公告と決算公告の同時公告を行う必要があるという点にご留意ください。

　合併の手続きというと複雑に感じるかもしれませんが，実際には，招集通知を発送せずに，全員の委任状を入手したうえで，株主総会を形式的に済ませるといった手続きも多く行われています。

　そう考えると，①～③の手続きは，単なる書類作りに近いものであるといえます。

　すなわち，合併の手続きでは，④債権者保護手続きをきちんと行うことと，⑤登記手続きに必要な書類を揃えるということが中心になります。実務上は，司法書士と連携したうえで，④債権者保護手続きと⑤登記手続きに必要な書類を揃えていくことになります。

Point!

☑　実務上は，債権者保護手続きと登記手続きを司法書士と相談しながら進めていきます。なお，株券発行会社の場合には，上記に加え，株券提供公告が必要になります。

---

(3)　実務での合併の利用

　前述のように，合併を行った場合には，被合併法人の権利義務のすべてが合併法人に包括承継されます。そのため，一部の権利義務のみを移転したい場合

には，後述する会社分割や事業譲渡を利用することが一般的です。

　なお，一部の権利義務を他社に移転させたうえで，残りの権利義務を合併法人に包括承継させる方法については，後述「6(2)　否認され得るケース」をご参照ください。

　実務上，グループの効率化のために合併を行うこともありますが，子会社やグループ会社に多額の繰越欠損金がある場合に合併を行うことも少なくありません。適格合併に該当する場合には，被合併法人の繰越欠損金を合併法人に引き継ぐことができるからです（法法57②）。

　このように，実務上は，適格合併に該当するのかどうか，繰越欠損金を引き継ぐことができるのかどうかが重要であり，この点について理解する必要があります。このうち，適格合併に該当するのかどうかについては，「2　ほとんどの合併は「グループ内」の「適格合併」」，繰越欠損金を引き継ぐことができるのかどうかについては，「3　ほとんどの合併では繰越欠損金，特定資産譲渡等損失の制限は生じない」でそれぞれ解説します。

　なお，結論を先取りすると，ほとんどの合併はグループ内の適格合併に該当し，かつ，繰越欠損金の引継制限が課されないことから，繰越欠損金を合併法人に引き継ぐことができます。そして，「2(1)　概要──税制適格要件──」で解説するように，適格合併に該当した場合には，被合併法人において課税関係が生じません。

　すなわち，ほとんどの合併は適格合併に該当することから，法人税，住民税及び事業税の課税を生じさせずに合併を行うことができ，かつ，被合併法人の繰越欠損金を合併法人に引き継ぐことができるといえます。

　このメリットが大きいことから，実務上，繰越欠損金の有効利用を目的としたグループ内合併が数多く行われています。

②　ほとんどの合併は「グループ内」の「適格合併」

(1)　概要――税制適格要件――

　合併には，グループ外の法人との合併とグループ内の法人との合併があります。このうち，実務では，グループ外の法人と合併することはほとんどなく，多くはグループ内の法人との合併です。

　株式を買収してから合併する事案は，合併の直前に完全支配関係（100％の資本関係）または支配関係（50％超の資本関係）が成立していれば，グループ内の合併に該当します（「第12章③　支配関係が生じてから5年以内の合併について理解する」参照）。すなわち，グループ外の法人と合併する事案とは，買収会社の株主も被買収会社の株主も合併後に買収会社の株主として残る事案であるといえます。

　一般的に，グループ外の法人との統合を行う場合であっても，買収会社からすると，被買収会社の株主に自社の株主になってもらいたくない場合も少なくありません。そして，被買収会社の株主からすると，買収の対価として，買収会社株式ではなく，現金の交付を受けることを望むことも少なくありません。

　このような事情からも，上場会社同士の統合であればともかく，一般的に，グループ外の法人と合併する事案はほとんどありません。

　合併には，適格合併と非適格合併とがあります。ここでいう適格合併とは税制適格要件を満たす合併をいい，非適格合併とは税制適格要件を満たさない合併をいいます。しかしながら，「④　非適格合併を避けなければいけない理由」で解説するように，非適格合併を行った場合における税務上の問題が大きいため，実務では，非適格合併が行われることはほとんどありません。

　このように，実務上，ほとんどの合併は「グループ内」の「適格合併」であるといえます。そして，適格合併を行った場合には，被合併法人の資産，負債，資本金等の額及び利益積立金額の税務上の帳簿価額をそのまま引き継ぎ，抱き合わせ株式（合併法人が保有する被合併法人株式）の税務上の帳簿価額を資本

金等の額のマイナスとして処理します（法法2十六，十八，法令8①五イ，9
①二，法基通12の2－1－1）。さらに，被合併法人の株主が保有していた被
合併法人株式の税務上の帳簿価額はそのまま合併法人株式の税務上の帳簿価額
になります（法令119①五）。そのため，適格合併は，法人税法上の課税が生じ
ない取引であるといえます。

【合併法人の仕訳】

（純　資　産）	×××	（資本金等の額）	×××
		（利益積立金額）	×××
（資本金等の額）	×××	（被合併法人株式）	×××

【被合併法人の株主の仕訳】

（合併法人株式）	×××	（被合併法人株式）	×××

(2)　税制適格要件

　吸収合併を行った場合において，適格合併に該当するときは，被合併法人の
資産及び負債を合併法人に税務上の帳簿価額で引き継ぎ（法法62の2①），非
適格合併に該当するときは，被合併法人の資産及び負債を合併法人に時価で譲
渡します（法法62①）。そして，適格合併に該当するときは，原則として，被
合併法人の繰越欠損金を合併法人に引き継ぐことができます（法法57②）。こ
のように，適格合併に該当した場合と非適格合併に該当した場合とで，税務上
の取扱いが大きく異なるため，税制適格要件の判定が非常に重要になります。

　吸収合併を行った場合の税制適格要件は，以下のとおりです（法法2十二の
八，法令4の3①〜④）。

　①　**グループ内の適格合併**
　　・完全支配関係での適格合併（100％グループ内の適格合併）
　　・支配関係での適格合併（50％超100％未満グループ内の適格合併）

　②　**グループ外の適格合併（共同事業を行うための適格合併）**

■税制適格要件

完全支配関係	支配関係	共同事業
(イ)　金銭等不交付要件	(イ)　金銭等不交付要件 (ロ)　従業者引継要件 (ハ)　事業継続要件	(イ)　金銭等不交付要件 (ロ)　従業者引継要件 (ハ)　事業継続要件 (ニ)　事業関連性要件 (ホ)　事業規模要件または 　　　特定役員引継要件 (ヘ)　株式継続保有要件

(3)　完全支配関係，支配関係の判定

①　基本的な取扱い

　組織再編税制全般にいえることですが，税制適格要件における完全支配関係，支配関係には，親子関係と兄弟関係の2つがあります。

　具体的には，

　(イ)　組織再編の直前に完全支配関係，支配関係があるかどうか

　(ロ)　組織再編後に，これらの完全支配関係，支配関係が継続することが見込まれているかどうか

により判定します。

　しかしながら，兄弟会社の場合には，同一の者による合併法人に対する完全支配関係，支配関係が継続することを要求することができますが，親子関係の合併の場合には，当事者間の完全支配関係，支配関係が継続することを要求することは，物理的に不可能です。

　そのため，親子関係の合併の場合には，合併の直前の完全支配関係，支配関係のみを要求しています。

　なお，合併前に完全支配関係であったのか，支配関係であったのかは，合併の直前で判定します。そのため，合併の3か月前に合併法人が被合併法人の発行済株式のすべてを取得した場合であっても，完全支配関係での合併に該当するという点に留意が必要です。

■完全支配関係，支配関係の判定

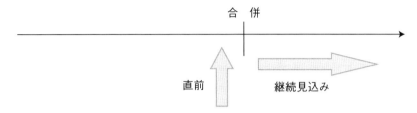

②　具体的な取扱い

　前述のように，完全支配関係での合併には，親子関係の合併と兄弟関係の合併の2つがあります（法法2十二の八イ，法令4の3②，4の2②）。

(i)　親子関係

　被合併法人と合併法人との間にいずれか一方の法人が他方の法人の発行済株式のすべてを直接または間接に保有する関係がある場合です。

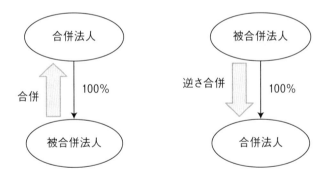

(ii)　兄弟関係

　合併前に当該合併に係る被合併法人と合併法人との間に同一の者によってそれぞれの法人の発行済株式のすべてを直接または間接に保有される関係があり，かつ，<u>当該合併後に当該同一の者によって当該合併法人の発行済株式のすべてを直接または間接に継続して保有されることが見込まれている場合</u>です。

　兄弟関係の合併につき下線で示したものは，合併後における同一の者による

合併法人に対する完全支配関係の継続です。これは，親子関係の合併には要求されていません。

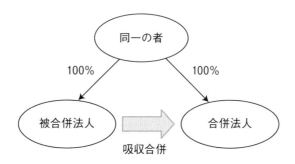

そして，上記の発行済株式には自己株式は含まれません。以下，本書を通じて，発行済株式は自己株式を除いて計算するという点は変わらないため，ご留意ください。

さらに，支配関係の判定は発行済株式総数の50％を超える数の株式を直接または間接に保有される関係にあるかどうかで行いますが，親子関係だけでなく，兄弟関係も含まれるという点については完全支配関係の判定と変わりません（法法２十二の八ロ，法令４の３③，４の２①）。

なお，実務上，株主名簿に記載されている株主と実際の株主が異なることがあります。この点については，法人税基本通達１－３の２－１において，株主名簿上の名義人ではなく，実際の権利者により判定することが明らかにされています。

※　本来であれば，法人税確定申告書別表二も，名義人ではなく実際の権利者を記載する必要がありますが（法基通１－３－２），実務上，名義人が記載されている事例が散見されます。このような場合には，法人税確定申告書別表二に記載されている株主ではなく，実際の権利者により判定する必要があります。

③　株主が個人である場合の取扱い

　完全支配関係，支配関係が成立しているか否かは，株主が個人である場合には，当該個人が保有する株式のほか，「特殊の関係のある個人」が保有する株式を合算して判定します（法令4の2）。なお，「特殊の関係のある個人」には，以下のものが含まれます（法令4①）。

(イ)　株主等の親族（六親等内の血族，配偶者，三親等内の姻族（民法725））

(ロ)　株主等と婚姻の届出をしていないが事実上婚姻関係と同様の事情にある者

(ハ)　株主等の使用人

(ニ)　(イ)〜(ハ)以外の者で株主等から受ける金銭その他の資産によって生計を維持しているもの

(ホ)　(ロ)〜(ニ)に掲げる者と生計を一にするこれらの親族

　さらに，完全支配関係，支配関係が成立しているか否かは，直接保有割合だけでなく，間接保有割合を含めて判定します。

　そのため，次頁の図のように，個人株主が合併法人株式を間接保有し，かつ，その親族が被合併法人株式を保有しているような場合であっても，完全支配関係での合併に該当します。なお，一の者に含まれる親族は株主に限定されていないことから，被合併法人の株主と合併法人の株主が異なる場合であっても，問題になりません（国税庁HP質疑応答事例「株主が個人である場合の同一の者による完全支配関係について」参照）。

　しかしながら，一般社団法人は持分のない法人であることから，一般社団法人が保有している株式は含めずに，完全支配関係，支配関係が成立しているか否かの判定を行う必要があります（国税庁HP文書回答事例「合併法人の株主に公益財団法人が含まれている場合の支配関係の判定について」参照）。

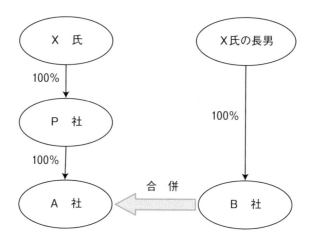

　筆者らは多くの合併に関する相談案件を経験してきましたが，グループ外の法人と合併することよりも，グループ内の法人と合併することのほうが圧倒的に多いというのが実感です。とりわけ，非上場会社では，親族によって支配されている法人同士の合併がほとんどであることから，グループ内合併だけを理解しておけば，ほとんどの実務には対応することができるといえます。

　したがって，本章では，グループ外の適格合併（共同事業を営むための適格合併）の解説は行いません。興味のある読者は第12章をご参照ください。

> **Point!**
> ☑　完全支配関係，支配関係が成立しているか否かは，親族等が保有する株式，間接保有している株式を含めて判定するため，ほとんどの合併はグループ内の合併に該当します。

④　合併後の株式譲渡

　前述のように，兄弟会社の場合には，同一の者による合併法人に対する完全支配関係，支配関係が継続することが要求されています。

　しかし，事業承継の場合には，合併後に，親族に対して生前贈与を行うこともあります。また，グループ内再編の場合には，合併後に，グループ会社に対して株式譲渡を行うこともあります。

　この点については，前述のように，完全支配関係，支配関係は親族等が保有している株式や子会社が保有している株式を含めて判定します。そのため，合併後に親族等やグループ会社に対して合併法人株式を譲渡したとしても，完全支配関係，支配関係が継続していると考えます。

■合併後の株式譲渡

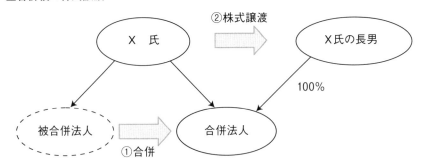

Point!

☑　合併後に親族やグループ会社に合併法人株式を譲渡しても，完全支配関係，支配関係が継続していると考えます。

(4)　金銭等不交付要件

　前述のように，完全支配関係または支配関係での合併に該当したとしても「金銭等不交付要件」を満たさないと適格合併として処理することはできません。条文上，この場合の「金銭等」を「被合併法人の株主等に合併法人株式または合併親法人株式のいずれか一方の株式または出資以外の資産」と規定しています（法法2十二の八柱書）。

　しかし，実務上，「合併親法人株式」を交付する合併はほとんど行われていないため，本書では詳細な説明を行いません。

　さらに，平成29年度税制改正により，合併法人が被合併法人の発行済株式総数の3分の2以上を保有している場合には，他の少数株主に現金を交付する合併を行ったとしても，金銭等不交付要件に抵触しないことになりました。ただ

し，間接保有割合を含めず，直接保有割合のみで3分の2以上を保有しているかどうかの判定を行うだけでなく，同一の者によって合併法人と被合併法人の発行済株式総数の3分の2以上が保有されていたとしても，この特例の適用を受けることができません。そのため，安易に現金交付型合併を行うべきではありません。

したがって，とりあえずは，「被合併法人の株主に合併法人株式以外の資産が交付されない」という理解でも特に問題はないと思われます。

また，「合併法人株式以外の資産が交付されない」と規定されているので，1円でも合併交付金を交付した場合には非適格合併に該当してしまいます。

しかし，以下のようなものにまで「金銭等の交付」とするのは制度趣旨に反するため，金銭等の交付から除外されています（法法2十二の八，法基通1－4－2）。

- 配当見合いの合併交付金
- 1株に満たない端数に対して交付した金銭
- 反対株主の株式買取請求に対する株式の買取代金

このうち，配当見合いの合併交付金は，年に2度までしか配当を行うことができなかった商法時代の名残りであり，現行会社法では，合併契約書に記載するのではなく，被合併法人の株主総会または取締役会の決議のみで配当を行うことも可能です。そして，反対株主の株式買取請求は，ほとんど実務では生じません。

そのため，とりあえずは，1株に満たない端数が生じる場合のみを考慮しておけばよいと思われます。ただし，実務上，1株に満たない端数に対して金銭を交付するのは面倒なので，端数が生じないように，合併を行う前に合併法人において株式分割を行うことをお勧めします。

例えば，被合併法人の発行済株式総数が200株であり，その株主構成がA氏10株，B氏100株，C氏90株であるとします。

被合併法人株式20株に対して合併法人株式1株を交付する場合には，A氏と

C氏に対して交付する合併法人株式に1株に満たない端数が生じてしまいます。

■1株に満たない端数の発生（合併比率20：1）

	A氏	B氏	C氏
合併前の被合併法人株式	10株	100株	90株
合併により交付を受ける合併法人株式	0.5株	5株	4.5株

　これに対し，合併前に合併法人が1株を2株にする株式分割を行えば，合併法人の1株当たりの時価が引き下げられるため，被合併法人株式10株に対して，合併法人株式1株を交付することになります。

　その結果，いずれの株主についても1株に満たない端数が生じないことから，1株に満たない端数に対して金銭を交付する必要はなくなるため，合併手続きを簡易に進めることが可能になります。

■株式分割後の合併（合併比率10：1）

	A氏	B氏	C氏
合併前の被合併法人株式	10株	100株	90株
合併により交付を受ける合併法人株式	1株	10株	9株

Point!

☑　1円でも合併交付金を交付したら，非適格合併として取り扱われます。

(5)　従業者引継要件

　支配関係での適格合併の要件を満たすためには，「従業者引継要件」も満たす必要があります。そして，従業者引継要件を満たすためには，被合併法人の合併直前の従業者のうち，その総数のおおむね100分の80以上に相当する数の者が，合併後に合併法人の業務に従事することが見込まれている必要があります（法法2二の八ロ(1)）。

　この場合の「従業者」とは，「従業員」とは異なり，「被合併法人の合併前に営む事業に現に従事する者」とされています（法基通1－4－4）。

　すなわち，従業員だけでなく，取締役，監査役，執行役員，出向受入社員，派遣社員，アルバイトやパートタイムで働いている者なども含まれます。

　また，他社に出向している者は，たとえ従業員であっても，被合併法人の事業に従事していないことから，「従業者」からは除外されます。

　実務上，合併に伴って従業員のリストラを行うことを計画している場合には，従業者引継要件を慎重に検討する必要があります。

> **Point!**
>
> ☑　従業者には，従業員だけでなく，取締役，監査役，執行役員，出向受入社員，派遣社員，アルバイトやパートタイムで働いている者を含めて判定します。

(6)　事業継続要件

　さらに，支配関係での適格合併の要件を満たすためには，「事業継続要件」も満たす必要があります。そして，事業継続要件を満たすためには，被合併法人が合併前に行う主要な事業が合併後に合併法人において引き続き行われることが見込まれている必要があります（法法2十二の八ロ(2)）。

　なお，「事業」の定義は，事業継続要件では明確に定められていません。これに対し，共同事業を行うための適格合併の要件の1つである事業関連性要件では，以下のすべての要件に該当するものを「事業」とすることが明文化されています（法規3①一）。そのため，事業継続要件も同じように解釈することが一般的です。

イ．固定施設
　事務所，店舗，工場その他の固定施設を所有し，または賃借していること。
ロ．従業者
　従業者（役員にあっては，その法人の業務に専ら従事するものに限りま

す）が存在すること。

ハ．売上

自己の名義をもって，かつ，自己の計算において次に掲げるいずれかの行為をしていること。

　　(イ)　商品販売等（商品の販売，資産の貸付けまたは役務の提供で，継続して対価を得て行われるものをいい，その商品の開発もしくは生産または役務の開発を含みます）

　　(ロ)　広告または宣伝による商品販売等に関する契約の申込みまたは締結の勧誘

　　(ハ)　商品販売等を行うために必要となる資料を得るための市場調査

　　(ニ)　商品販売等を行うにあたり法令上必要となる行政機関の許認可等の申請または当該許認可等に係る権利の保有

　　(ホ)　知的財産権の取得をするための諸手続きの実施または知的財産権の所有

　　(ヘ)　商品販売等を行うために必要となる資産（固定施設を除きます）の所有または賃借

　　(ト)　上記に準ずる行為に類するもの

実務上，事業継続要件で問題になりやすい事案として，以下のものが挙げられます。

(i)　被合併法人の事業が上記の3要素を満たしていない場合
(ii)　被合併法人から合併法人に対してのみ不動産の賃貸を行っている場合

このうち，(ii)は，合併により不動産の借り手と貸し手が同一になってしまうことから，継続して対価を得て行われる資産の貸付けがなくなるため，事業が継続しなくなると考えられています。

しかしながら，事業継続要件の判定は曖昧なところも多いため，事業継続要件を満たすかどうかに疑義がある場合には，後述「⑤(2)　事業継続要件に疑

義がある場合」で解説するように，合併の直前に完全支配関係を成立させることで，事業継続要件を満たさなくても，税制適格要件を満たせるようにすることが一般的です。

> **Point!**
> ☑　固定施設，従業者，売上の3要素を満たした場合に，事業として認定されます。

③ ほとんどの合併では繰越欠損金，特定資産譲渡等損失の制限は生じない

(1) 概要——繰越欠損金の引継制限，使用制限と特定資産譲渡等損失の損金不算入——

　前述のように，合併の3か月前に合併法人が被合併法人の発行済株式のすべてを取得した場合であっても，合併の直前では完全支配関係が成立しているため，完全支配関係での合併に該当します。

　そのため，繰越欠損金や資産の含み損を有する法人を買収した後に，適格合併を行うことにより，当該繰越欠損金や資産の含み損を不当に利用するという租税回避行為が考えられます。

　これに対応するために，法人税法では，被合併法人の繰越欠損金を合併法人に引き継ぐことに対する制限が課されています（法法57③，以下，「繰越欠損金の引継制限」といいます）。

　そして，被合併法人から合併法人に引き継いだ資産の含み損を合併後に実現させることに対しても，特定資産譲渡等損失の損金不算入（法法62の7）が課されています。これは，資産の譲渡，評価換え，貸倒れ，除却その他これらに類する事由による損失を損金の額に算入することを制限するための規定です。

　また，被合併法人の繰越欠損金や資産の含み損だけ制限を課し，合併法人の

繰越欠損金や資産の含み損を制限しないと，買収してきた法人を合併法人とするような逆さ合併が可能になってしまいます。そのため，合併法人が合併前に有していた繰越欠損金や資産の含み損に対しても，繰越欠損金の使用制限（法法57④），特定資産譲渡等損失の損金不算入が適用されます。

しかし，これらの制限は，支配関係（50％超の資本関係）が生じてから5年以内の場合に限定されています。

逆にいえば，支配関係が生じてから5年を超えていれば，これらの制限は課されません。そして，支配関係の判定は，「2(3)　完全支配関係，支配関係の判定」で解説したように，親族が保有している株式や間接保有の株式も含まれます。

■5年ルール

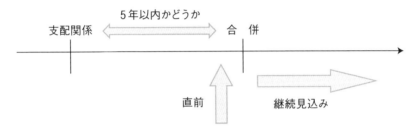

※　厳密には，支配関係が生じてから合併事業年度開始の日まで5年以内かどうかで判定します。

このように，繰越欠損金の引継制限，使用制限，特定資産譲渡等損失の損金不算入が適用される合併は，支配関係が生じてから5年以内の合併のみであり，それ以外の合併については制限が課されません。

支配関係は，グループ外から株式を購入したり，会社を新たに設立したりすることにより生じます。このうち，グループ外から株式を購入する事案については，かつてに比べてM&Aが増加していることから，支配関係が生じてから5年以内の合併も存在することは事実です。しかし，M&Aが活発になったとはいえ，全体の企業数から見れば，M&Aを行う会社は圧倒的に少数派です。

すなわち，ほとんどの合併は，買収してきた法人との合併ではなく，自ら設

立した法人との合併であり，支配関係が生じてから5年を超えている合併であるといえます。

　自ら設立した法人との合併については，支配関係が生じてから5年以内の合併であったとしても，一部の特殊なケースを除き，繰越欠損金の引継制限，使用制限，特定資産譲渡等損失の損金不算入は適用されません（詳細は「[5](3)新設法人との合併」を参照してください）。

　したがって，まずは支配関係が生じてから5年を超えている合併だけを理解しておけば，ほとんどの実務には対応することができるといえます。

　その結果，組織再編税制で難易度が高いといわれている，

(i)　グループ外の会社との合併における共同事業を行うための税制適格要件

(ii)　支配関係が生じてから5年以内の合併における繰越欠損金の引継制限，使用制限，特定資産譲渡等損失の損金不算入

はほとんど使われない規定であるといえます。

　なお，(i)(ii)に該当する場合の取扱いについて興味のある読者は第12章をご参照ください。

Point!

☑　共同事業を行うための適格合併，繰越欠損金の引継制限，使用制限，特定資産譲渡等損失の損金不算入は置いておいて，支配関係が生じてから5年を超えているグループ内合併を，まずは理解しましょう。

---

(2)　繰越欠損金の帰属事業年度

　適格合併を行った場合には，被合併法人の繰越欠損金を合併法人に引き継ぐことができます（法法57②）。

　被合併法人の繰越欠損金は，繰越欠損金が生じた被合併法人の事業年度開始の日の属する合併法人の事業年度で生じた繰越欠損金とみなされます。

　ただし，合併法人の合併事業年度開始の日以後に開始した被合併法人の事業年度に生じた繰越欠損金は，合併法人の合併事業年度の前事業年度で生じた繰

越欠損金とみなされます。具体的には下図をご参照ください。

■事業年度が一致している場合

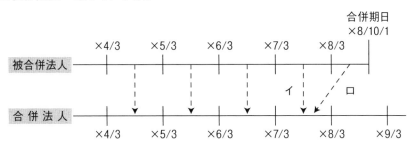

イ．被合併法人において×8年3月期に生じた繰越欠損金は，事業年度開始
　　の日である×7年4月1日の属する合併法人の事業年度が×8年3月期であ
　　るため，合併法人の×8年3月期で生じた繰越欠損金とみなされます。
ロ．被合併法人において×8年9月期に生じた繰越欠損金は，合併法人の合
　　併事業年度開始の日である×8年4月1日以後に開始した被合併法人の事
　　業年度で生じた繰越欠損金であるため，合併法人の合併事業年度の前事業
　　年度である×8年3月期で生じた繰越欠損金とみなされます。

■事業年度が一致していない場合

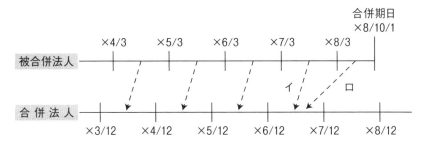

イ．被合併法人において×8年3月期に生じた繰越欠損金は，事業年度開始
　　の日である×7年4月1日の属する合併法人の事業年度が×7年12月期であ
　　ることから，合併法人の×7年12月期で生じた繰越欠損金とみなされます。
ロ．被合併法人において×8年9月期に生じた繰越欠損金は，合併法人の合

併事業年度開始の日である×8年1月1日以後に開始した被合併法人の事業年度で生じた繰越欠損金であるため，合併法人の合併事業年度の前事業年度である×7年12月期で生じた繰越欠損金とみなされます。

このように，事業年度が一致していない場合には，繰越欠損金の発生年度が早くなることから，繰越欠損金の使用期限が早く到来してしまう可能性があります。

とりわけ，平成30年4月1日前に開始した事業年度において生じた欠損金額の繰越期間は9年，同日以後に開始した事業年度において生じた欠損金額の繰越期間が10年とされていることから，被合併法人では10年だった繰越期限が合併により9年になってしまった事案もあるため，留意が必要です。

> **Point!**
> ☑　ここで挙げた繰越欠損金の帰属事業年度は，別表七(一)付表一を作成するときに必要になるため，きちんと理解しましょう。

(3)　期中合併と期首合併の比較

適格合併を行った場合には，被合併法人の繰越欠損金を合併法人に引き継ぐことができます（法法57②）。そして，合併法人では，適格合併の日の属する事業年度以後の各事業年度から繰越欠損金を使用することができます。

したがって，合併法人が3月決算法人である場合において，×9年4月1日（期首）に合併したときと，×9年3月1日（期中）に合併したときとで，被合併法人の繰越欠損金を使用することができる事業年度が異なります。

具体的には，×9年4月1日（期首）に合併した場合には，合併の日である×9年4月1日の属する×10年3月期から繰越欠損金を使用することができるのに対し，×9年3月1日（期中）に合併した場合には，合併の日である×9年3月1日の属する×9年3月期から繰越欠損金を使用することができるという違いがあります。

すなわち，期首合併を行わず，1か月早く期中合併を行うことにより，合併

法人が被合併法人の繰越欠損金を使用することができる事業年度が1年早くなります。

　なお，厳密にいうと，×9年3月31日に合併をした場合には，被合併法人は合併の日の前日である×9年3月30日にみなし事業年度を区切り，×9年3月31日から合併法人に取り込まれます。

　そのため，×9年3月31日に合併をした場合であっても，合併の日である×9年3月31日の属する×9年3月期から繰越欠損金を使用することができます。

　しかし，月次決算の区切りとは異なるタイミングで決算を行う必要があることから，やや煩雑な処理になってしまうため，月初を合併の日とすることのほうが多いと思われます。

　さらに，×9年3月1日を合併の日とする場合には，債権者保護手続きが1か月，その予約に約2週間の期間を要することから，1月上旬には合併準備が完了している必要があります。

　このように，繰越欠損金を合併法人に引き継ぐにしても，十分なスケジュールを確保したうえで，実務に対応する必要があります。

　※　新設合併を行った場合には，合併事業年度開始の日が設立日になるので，吸収合併を行った場合と異なり，繰越欠損金を早く使用することはできません。

■期首合併の場合

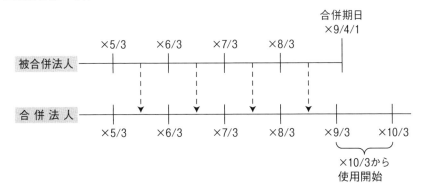

■期中合併の場合

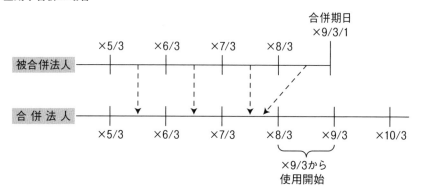

> **Point!**
>
> ☑ 翌期首で合併するよりも，期中に合併したほうが，繰越欠損金を早く使用することができます。

⑷　資本異動が支配関係発生日に影響を与えるかどうか

　例えば，P社がA社及びB社の発行済株式総数の50％を超える数の株式を保有している場合には，A社とB社との間に兄弟関係の支配関係が成立しています。その後，A社がP社からB社株式を買い取った場合には，A社とB社との間に親子関係の支配関係が成立します。

■資本異動

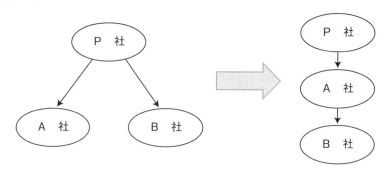

　平成22年度税制改正前は，P社がA社及びB社の発行済株式総数の50％を超える数の株式を保有していた時点で支配関係が生じていたのか，A社がB社株式を買い取った時点で新たに支配関係が生じたのかについて争いがありました。

　この点につき，平成22年度税制改正により，A社とB社との支配関係が，兄弟関係から親子関係に変わったとしても，支配関係発生日は洗い替えられないことになりました（『平成22年版改正税法のすべて』289頁参照）。なぜなら，P社を頂点とするグループの中に留まっている限り，支配関係が新たに発生したと考える必要はないからです。

　したがって，P社がA社及びB社の発行済株式総数の50％を超える数の株式を保有していた時点から支配関係が継続していると考えます。

　実務上，合併前に，グループ内，親族内で株式を譲渡することは一般的に行われていますが，そのような譲渡を行ったとしても，当初の支配関係が生じてから5年を超えていれば，繰越欠損金の引継制限，使用制限，特定資産譲渡等損失の損金不算入は適用されません。

Point!

☑　グループ内で資本異動を行っても，支配関係は洗い替えられません。

４　非適格合併を避けなければいけない理由

　法人税法上，非適格合併を行った場合には，被合併法人の資産及び負債が合併法人に時価で譲渡され，対価として合併対価資産（合併法人株式など）を取得し，ただちに当該合併対価資産が被合併法人の株主に対して交付されたものと考えます（法法62①）。

　具体的には，次頁の図をご参照ください。

■非適格合併における取引図

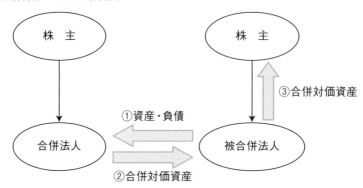

　この場合，被合併法人の株主が交付を受けた合併対価資産は，被合併法人から分配を受けた資産であるため，交付を受けた合併対価資産の時価がそれに対応する資本金等の額を超える部分の金額について，みなし配当として取り扱われます（法法24①一，所法25①一）。当該みなし配当は，被合併法人の株主において，受取配当金として，法人税法または所得税法上の課税関係が生じます。

　これに対し，適格合併に該当した場合にはみなし配当は生じません。

　このように，被合併法人が資産超過である場合に非適格合併を行ってしまうと，被合併法人の株主でみなし配当が生じてしまうという問題があります（なお，株式譲渡損益は，被合併法人の株主に対して合併法人株式のみを交付すれば，適格合併であっても非適格合併であっても生じません（法法61の2②，措法37の10③一））。

　そして，被合併法人が債務超過である場合には，被合併法人において債務超過に相当する金額の合併譲渡利益が生じるという問題があります。

　例えば，合併対価資産の時価を0とし，被合併法人から合併法人に移転する資産の帳簿価額を200，負債の帳簿価額を300であるとすると，以下のように，被合併法人に100の合併譲渡利益が生じます。

【債務超過会社の非適格合併】

| （合併対価資産） | 0 | （資　　　　産） | 200 |
| （負　　　　債） | 300 | （合併譲渡利益） | 100 |

　なお，被合併法人では繰越欠損金と合併譲渡利益とを相殺することができますが，法人税法59条4項に規定する特例欠損金（期限切れ欠損金）は，通常の解散を行った場合と異なり，使用することができません。また，中小法人等を除き，繰越欠損金の控除限度額があるため，合併譲渡利益に相当する金額を超える繰越欠損金を有していたとしても，合併譲渡利益の一部が課税されることも考えられます。

　このように，被合併法人が資産超過であっても債務超過であっても，非適格合併を行った場合における税務上の問題が極めて大きいといえます。

　そのため，実務上は，非適格合併の処理を理解することよりも，どうやって税制適格要件を満たすのかという点を理解することのほうがはるかに重要です。

Point!

☑　非適格合併は，税務上の問題が大きいため，ほとんど使われていません。

5 　実務上の留意事項

(1)　債務超過会社との合併

　被合併法人が債務超過である場合において，被合併法人の株主に対して合併法人株式を交付したときは，価値のない被合併法人株式に対して，価値のある合併法人株式を交付していることから，株主間贈与の問題が生じます。そのため，平成22年度税制改正前は，無対価合併を検討することがありました。

　しかしながら，平成22年度税制改正により，対価の交付を省略した場合と同視することができる場合を除き，原則として，無対価合併を非適格合併として取り扱うことになりました（法令4の3②～④）。この基本的な考え方は，平

成30年度税制改正後も変わっていません。

　すなわち，下図のように，親族が保有している会社との合併であっても，本来であれば対価の交付を受けるべきY氏（長男）が対価の交付を受けておらず，対価の交付を省略した場合と同視することができないため，無対価合併を行ってしまうと，非適格合併として取り扱われます。

■親族が保有している会社との無対価合併

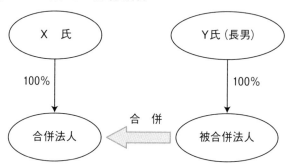

　そして，「**4**　非適格合併を避けなければいけない理由」で解説したように，債務超過会社を被合併法人とする非適格合併に該当することから，債務超過に相当する金額の合併譲渡利益が生じてしまいます。

　一般的に，債務超過会社との無対価合併を検討する事案の多くは，親族が保有している会社が債務超過である場合のように思われます。

　すなわち，上場会社の子会社同士の再編と異なり，無対価合併を行うことで，実務上の手間やコストが大幅に削減されるようなものでもなく，株主間贈与を避けること以外に無対価合併を行うメリットはほとんどありません。

　筆者らの経験上，非上場会社で無対価合併を行わざるを得ない場合は，合併法人が被合併法人の発行済株式のすべてを保有している場合（完全子会社との合併）のみであるといえます。

　なぜなら，会社法上，合併法人が保有する被合併法人株式に対して合併対価資産を割り当てることができないことから（会社法749①三），無対価合併を採用せざるを得ないからです。そして，この場合には，無対価合併を行っても，

税制適格要件を満たすものとして明記されていることから（法令4の3②一），無対価合併を行っても問題ありません。

　すなわち，債務超過会社を被合併法人とする合併が非適格合併にならないようにするためには，以下の方法が考えられます。

---

① 　合併前に，合併法人が被合併法人の発行済株式の全部を備忘価額で取得する手法

② 　株主間贈与を軽微にするため，少数の合併法人株式のみを交付する手法

　なお，①の手法を採用した場合には，兄弟関係から親子関係に変わってしまいますが，「3 (4)　資本異動が支配関係発生日に影響を与えるかどうか」で解説したように，これにより支配関係が洗い替えられたと考えるのではなく，当初から支配関係が継続していると考えます。そのため，兄弟関係から親子関係に変わったことにより，支配関係が生じてから5年以内の合併であると認定されることはありません。

　このように，債務超過会社を被合併法人とする無対価合併は極めてリスクが高いため，これを避ける方法をとるべきであり，安易に無対価合併を行うべきではないと考えられます。

■合併前に，合併法人が被合併法人の発行済株式の全部を備忘価額で取得する手法

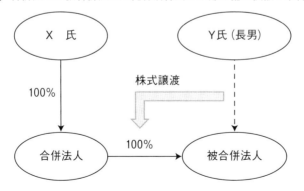

Point!

☑　債務超過会社を被合併法人とする合併が非適格合併にならないようにするため，以下のいずれかの方法を採用しましょう。
　①　合併前に，合併法人が被合併法人の発行済株式の全部を備忘価額で取得する手法
　②　株主間贈与を軽微にするため，少数の合併法人株式のみを交付する手法

⑵　事業継続要件に疑義がある場合

　「**2**⑶①　基本的な取扱い」で解説したように，合併の直前に，合併法人が被合併法人の発行済株式のすべてを直接または間接に保有する関係がある場合において，金銭等不交付要件を満たすときは，完全支配関係での適格合併に該当します。これは，合併の直前で判定するため，合併の数か月前に合併法人が被合併法人の発行済株式のすべてを取得した場合であっても，完全支配関係での適格合併に該当します。

　このため，実務上，被合併法人との間に支配関係がある場合において，事業継続要件に疑義があるときに，被合併法人株式を追加取得し，完全子会社（100％子会社）にしたうえで合併を行うという手法が採用されています。

　なぜなら，支配関係から完全支配関係に変わったことにより，従業者引継要件及び事業継続要件を満たす必要がなくなるからです。そして，合併法人と被合併法人との間に支配関係が生じてから5年を超えている場合には，繰越欠損金の引継制限，使用制限，特定資産譲渡等損失の損金不算入は適用されません。これは，支配関係から完全支配関係に変わった場合であっても同様です。

　このように，事業継続要件に疑義がある場合には，支配関係から完全支配関係に変えることにより，税制適格要件を満たすという手法が用いられています。ただし，後述するTPR事件では，完全支配関係での合併であっても，事業単位の移転に該当しない場合には，包括的租税回避防止規定（法法132の2）が適用される可能性があるとされています。そのため，明らかに事業継続要件を満たすことができない場合には，この手法を用いることについて慎重であるべ

きだと考えられます。

■完全支配関係にしてから合併する手法

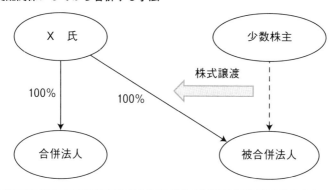

Point!
☑　事業継続要件に疑義がある場合には，完全支配関係での合併に変えることも検討してみましょう。

(3)　新設法人との合併

　平成22年度税制改正前は，合併法人または被合併法人が新設法人である場合には，支配関係が設立の日に生じたものとされていたため，当該合併法人または被合併法人の設立の日から合併事業年度開始の日まで5年を経過していない場合には，繰越欠損金の引継制限が課されていました。

　この点につき，平成22年度税制改正により，当該合併法人または被合併法人の設立の日から合併の日まで継続して支配関係があるときは，繰越欠損金の引継制限（法法57③）が課されないことになりました。

　しかし，被合併法人の設立の日から合併の日まで継続して支配関係があったとしても，例えば，以下のような組織再編等が行われていた場合には，新設法人を介在させることにより，他の法人で生じた繰越欠損金を持ち込むことを防止するため，繰越欠損金の引継制限が課されます（法令112④二）。

　なお，合併法人をP社，被合併法人をA社，合併法人との間に支配関係があ

る他の内国法人をX社，被合併法人との間に支配関係がある他の内国法人をY
社とし，P社とA社の合併はみなし共同事業要件を満たさない適格合併で支配
関係が5年未満であるものとします。

イ．X社を被合併法人とする適格新設合併によりA社が設立されていた場合

ロ．P社とX社との間に最後に支配関係があることとなった日（適格組織再
　　編の日の直前まで継続して支配関係がある場合のその支配関係があること
　　となった日（法基通12−1−5）。以下，本書において同じ）以後に，A
　　社が設立されており，かつ，X社を被合併法人とし，A社を合併法人とす
　　る適格吸収合併が行われていた場合

ハ．P社とX社との間に最後に支配関係があることとなった日以後に，A社
　　が設立されており，かつ，A社との間に完全支配関係があるX社の残余財
　　産が確定した場合（A社がX社の株式等の全部または一部を直接保有して
　　いる場合に限る）

ニ．Y社を被合併法人，分割法人，現物出資法人または現物分配法人とする
　　適格合併，譲渡損益の繰延べの適用を受ける非適格合併，適格分割，適格
　　現物出資または適格現物分配により，P社が設立されていた場合

ホ．A社とY社との間に最後に支配関係があることとなった日以後に，P社
　　が設立されており，かつ，Y社を被合併法人，分割法人，現物出資法人ま
　　たは現物分配法人とし，P社を合併法人，分割承継法人，被現物出資法人
　　または被現物分配法人とする適格合併，譲渡損益の繰延べの適用を受ける
　　非適格合併，適格分割，適格現物出資または適格現物分配が行われていた
　　場合

　このような規制は，繰越欠損金の使用制限，特定資産譲渡等損失の損金不算
入でも設けられています（法令112⑨，123の8①二）。
　これらをすべて覚えるのは不可能なので，新設法人と合併を行う場合には，
当該合併の前に，以下の事実だけは確認しておく必要があります。

> （i） 当該新設法人が適格組織再編等を行っていたかどうか
> （ii） 当該新設法人の完全子会社の残余財産の確定が行われていたかどうか

　通常は，このようなことはほとんどないと思われるため，大部分の新設法人との合併では，繰越欠損金の引継制限，使用制限，特定資産譲渡等損失の損金不算入は適用されません。

Point!

☑　新設法人と合併を行う場合には，当該合併の前に，以下の事実だけは確認しておきましょう。もし，以下の事実がなければ，繰越欠損金の引継制限，使用制限，特定資産譲渡等損失の損金不算入は適用されません。
（i）　当該新設法人が適格組織再編等を行っていたかどうか
（ii）　当該新設法人の完全子会社の残余財産の確定が行われていたかどうか

(4)　役員退職慰労金の支給

　吸収合併により被合併法人が解散した場合には，被合併法人と役員の間の委任契約が解除されるため，役員退職慰労金を支払うことがあります。

　この点につき，法人税基本通達9－2－33では，被合併法人が退職給与として支給すべき金額を合理的に計算し，合併の日の前日の属する事業年度において未払金として損金経理したときは，これを認めることとされています。

　さらに，同9－2－34では，被合併法人の役員であると同時に合併法人の役員を兼ねている者または被合併法人の役員から合併法人の役員となった者に対し，合併により支給する退職給与について同様に取り扱うこととしています。

　このように，吸収合併のタイミングで役員退職慰労金を支払うことで，法人税の節税を行うことが可能になります。

(5)　中古耐用年数

　適格合併を行った場合には，被合併法人の資産及び負債が税務上の帳簿価額

で合併法人に引き継がれます。そして，取得価額，残存価額，耐用年数及び取得年月日をすべてそのまま引き継ぐことが原則です。

なお，耐用年数については，原則として，中古耐用年数を選択することも容認されています（耐省3①）。ただし，中古耐用年数を使用した場合には，被合併法人が行った減価償却費のうち，損金の額に算入された金額は取得価額に含めないという点に留意が必要です。

(6) 事業譲渡＋清算スキームとの比較

子会社に繰越欠損金がある場合には，当該子会社との適格合併を行うことにより，繰越欠損金を有効に利用することを考えてしまいがちです。

しかし，実務上の選択肢として，当該子会社に対する第2会社方式を行うことで，子会社整理損失を認識する方法も検討してみてください。

第2会社方式とは，親会社または新会社に対して子会社の事業を移転した後に，当該子会社を特別清算することにより，子会社整理損失を認識する手法です（第2会社方式の具体的な内容については第10章をご参照ください）。

例えば，子会社の繰越欠損金が100であり債務超過が300である場合には，適格合併であれば100の繰越欠損金を引き継ぐことができますが，第2会社方式を採用した場合に法人税基本通達9－4－1の要件を満たすことができれば，300の子会社整理損失を認識することができます。さらに，実務上，簿価純資産価額で検討すると子会社の債務超過はそれほど大きくないものの，時価純資産価額で検討すると子会社の債務超過が多額である場合も少なくありません。

このように，第2会社方式を選択することにより，適格合併を選択するよりも大きな節税メリットを享受することもできるため，実務上は，安易に適格合併を選択しないようにすることも重要になります。

■事業譲渡＋清算スキーム

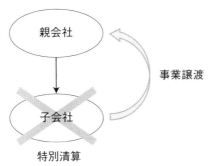

(7)　債権債務の帳簿価額が異なる場合

　極めて稀ではありますが，合併法人が被合併法人の債権を外部から購入する場合もあります。

　例えば，合併法人が債権者から券面額300の債権を100で購入したときは，合併に伴って，混同（民法179）により債権債務が消滅し，200の債務消滅益が生じてしまいます（被合併法人が合併法人の債権を外部から購入している場合にも同様の事象が生じます）。

　また，実務上，合併法人と被合併法人との経理処理の違いにより，一方の債権の帳簿価額と他方の債務の帳簿価額にズレが生じることがあります。

　このような場合にも，債権債務が消滅することから，債権消滅損または債務消滅益が生じます。

【合併法人の仕訳】

① 　資産及び負債の受入れ

（債　　　　　権）　　　100　　（資 本 金 等 の 額）　　　×××
　　　　　　　　　　　　　　　　（利 益 積 立 金 額）　　　×××

② 混同による消滅

| （債 務） | 300 | （債 権） | 100 |
| | | （債 務 消 滅 益） | 200 |

⑻　被合併法人株式に対して譲渡損益の繰延べがなされている場合

　第7章で解説するように，完全支配関係のある法人間で有価証券を譲渡した場合において，当該有価証券の税務上の帳簿価額が1,000万円以上であるときは，譲渡損益を繰り延べる必要があります（法法61の13①，法令122の14①三）。

　このような譲渡損益の繰延べが行われている場合において，当該有価証券を発行している法人を被合併法人とする合併を行ったときは，被合併法人株式（譲渡損益調整資産）が消滅するため，譲渡損益を計上する必要があります（国税庁HP文書回答事例「グループ法人税制における譲渡損益の実現事由について」参照）。

　譲渡損益の繰延べを行った譲渡法人，譲受法人を被合併法人とする適格合併を行った場合の特例は定められていますが（法法61の13③），譲渡損益の繰延べの対象となった有価証券を発行している法人を被合併法人とする適格合併を行った場合の特例は定められていないため，留意が必要です。

⑼　海外に子会社や支店を有している場合

　被合併法人が海外に子会社や支店を有している場合には，合併に伴って，被合併法人が有する子会社株式その他の資産が移転します。そのため，日本の課税だけでなく，海外の課税や海外子会社が有する繰越欠損金の取扱いについても検討する必要があります。この点については，それぞれの国によって税法が異なるので，現地の税務専門家に確認する必要があります。

■外国に子会社がある場合

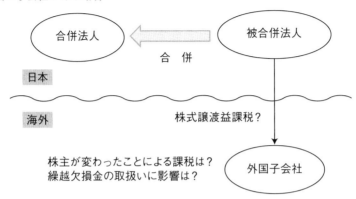

6　包括的租税回避防止規定

(1)　概　要

　法人税法132条の2において組織再編に係る包括的租税回避防止規定が定められています。包括的租税回避防止規定は，個別規定で対処できないような種々の租税回避行為が行われる可能性が高いことから設けられた制度であるといわれています。

　さらに，所得税法157条4項，相続税法64条4項，地方税法72条の43第4項にも，それぞれ同様の制度が設けられています。

　具体的な包括的租税回避防止規定の射程ですが，ヤフー・IDCF事件最高裁判決（最一小判平成28年2月29日TAINSコードZ888-1984，最二小判平成28年2月29日TAINSコードZ888-1983）では，以下のように判断されています。

　組織再編成は，その形態や方法が複雑かつ多様であるため，これを利用する巧妙な租税回避行為が行われやすく，租税回避の手段として濫用されるおそれがあることから，法132条の2は，税負担の公平を維持するため，組織再編成において法人税の負担を不当に減少させる結果となると認められる行

為または計算が行われた場合に，それを正常な行為または計算に引き直して法人税の更正または決定を行う権限を税務署長に認めたものと解され，組織再編成に係る租税回避を包括的に防止する規定として設けられたものである。このような同条の趣旨及び目的からすれば，同条にいう「法人税の負担を不当に減少させる結果となると認められるもの」とは，法人の行為または計算が組織再編成に関する税制（以下「組織再編税制」という。）に係る各規定を租税回避の手段として濫用することにより法人税の負担を減少させるものであることをいうと解すべきであり，その濫用の有無の判断に当たっては，①当該法人の行為または計算が，通常は想定されない組織再編成の手順や方法に基づいたり，実態とは乖離した形式を作出したりするなど，不自然なものであるかどうか，②税負担の減少以外にそのような行為または計算を行うことの合理的な理由となる事業目的その他の事由が存在するかどうか等の事情を考慮した上で，当該行為または計算が，組織再編成を利用して税負担を減少させることを意図したものであって，組織再編税制に係る各規定の本来の趣旨及び目的から逸脱する態様でその適用を受けるものまたは免れるものと認められるか否かという観点から判断するのが相当である。

　要約すると，(i)不自然，不合理な行為が行われていないか，(ii)十分な事業目的が認められるか，(iii)制度趣旨から逸脱するものではないか，という点により，包括的租税回避防止規定が適用されるかどうかが判断されると考えられます。

⑵　否認され得るケース

　包括的租税回避防止規定が適用された事案として，ヤフー・IDCF事件が有名ですが，かなり個別事案の要素が強く，一般的な事案としては参考になりません。

　これに対し，グループ内の赤字法人から事業を他のグループ法人に移転した後に適格合併により繰越欠損金を引き継いだ事例（平成25年4月16日，日経新聞報道），パチンコ店約40グループが適格現物出資を繰り返した行為について

租税回避行為として否認された事例（いわゆるＳスキーム事件，平成24年２月12日，読売新聞報道）も存在します。これらは，新聞報道からの推測であるとはいえ，本事例が公表される前からリスクがあるといわれていたものです。

　このうち，「グループ内の赤字法人から事業を他のグループ法人に移転した後に適格合併により繰越欠損金を引き継いだ事例」がわかりやすいため，包括的租税回避防止規定が適用され得る事案として解説します。

【グループ内の赤字法人から事業を他のグループ法人に移転した後に適格合併により繰越欠損金を引き継いだ事例】

　子会社に繰越欠損金がある場合において，当該子会社で使用できるだけの十分な収益力がないときは，親会社での繰越欠損金を検討することが多いと思います。

　このような場合には，親会社と子会社の統合を考えるべきですが，理論上は，繰越欠損金だけを移転することが可能です。

　例えば，新設分社型分割により子会社の事業を新会社に移転し，抜け殻になった子会社を吸収合併により親会社に移転した場合には，繰越欠損金のみを親会社に移転することができます。

　しかし，このようなストラクチャーは，繰越欠損金を移転するだけで，それ以外の事業目的が認められません。そのため，包括的租税回避防止規定が適用される可能性があるといわれており，上記の新聞報道以外にも否認された事例も存在します（東京高判令和元年12月11日ＴＡＩＮＳコードZ888-2287〔ＴＰＲ事件，上告棄却及び上告不受理で判決確定〕）。

　そのため，めぼしい資産を移転しておらず，単純に資産を譲渡したほうが容易である場合には，事業目的が十分に認められないと判断される可能性があります。これに対し，前述の東京高裁判決は，事業に係る工場等の建物等及び製造設備が合併により親会社に引き継がれていることから，本来であれば事業目的が認められます。それでも，税負担減少の意図があったこと，税目的が事業目的を上回っていたことから，従来に比べて厳しい判断が下されています。今

後の実務では，包括的租税回避防止規定に対して慎重な判断が必要になります。

■新設分社型分割＋吸収合併

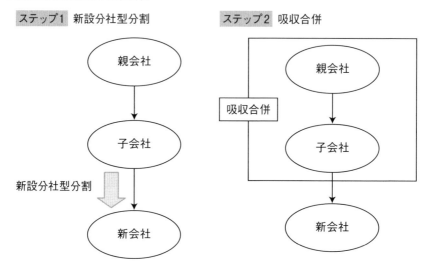

7 その他諸税

(1) 住民税均等割，事業税資本割

　適格合併を行った場合には，被合併法人の資産，負債，資本金等の額及び利益積立金額の税務上の帳簿価額をそのまま引き継ぎ，抱き合わせ株式（合併法人が保有する被合併法人株式）の税務上の帳簿価額を資本金等の額のマイナスとして処理します（法法２十六，十八，法令８①五，９①二，法基通12の２－１－１）。

　具体的には，以下のケーススタディをご参照ください。

ケーススタディ

前提条件

- 被合併法人の純資産の部の内訳は，資本金等の額が60，利益積立金額が40である。
- 合併法人が保有している被合併法人株式の帳簿価額は90である。

税務上の仕訳

（資　　　　　産）	100	（資本金等の額）	60
		（利益積立金額）	40
（資本金等の額）	90	（被合併法人株式）	90

　このように，合併に伴って，合併法人の資本金等の額が変動します。この結果，住民税均等割の区分判定の基礎となる金額や事業税資本割の課税標準額もそれぞれ変動するため，留意が必要です。

※　平成27年度税制改正により，住民税均等割の税率区分の基準である資本金等の額及び外形標準課税の資本割の課税標準となる資本金等の額が会計上の資本金と資本準備金の合計額を下回る場合には，資本金と資本準備金の合計額とする改正が行われている点にも留意が必要です（地法52④，72の21②）。

※　平成27年度税制改正前は，資本金の額及び資本準備金の額を減少した後に欠損填補を行ったとしても，資本金等の額が変動しないことから，住民税均等割を減らすことができませんでした。これに対し，平成27年度税制改正により，欠損填補を行った場合には，住民税均等割を減らすことができるようになりました（地法23①四の五）。しかし，この特例は，欠損填補を行った法人に限られるため，被合併法人が欠損填補を行ったとしても，合併法人にはその特例が引き継がれません。すなわち，被合併法人の資本金等の額が1,000百万円であったとしても，990百万円の欠損填補を行っていた場合には，被合併法人では，資本金等の額が10百万円であるとして，住民税均等割の計算を行うことができます。しかし，合併法人にその特例は引き継がれないことから，合併法人では被合併法人の資本金等の額である1,000百万円を引き継いだうえで住民税均等割の計算を行う必要があるため，留意が必要です。

⑵　流通税

　合併を行った場合には，消費税の課税対象外取引として取り扱われ，不動産取得税も非課税とされています（地法73の7二）。そのため，発生する税金は，登録免許税と印紙税くらいといえます。

　このうち，登録免許税は，合併に伴う商業登記のほか，合併により移転する不動産に対する不動産登記も必要になります。

　しかし，合併により資産の移転を行った場合には，登録免許税が軽減されています。例えば，不動産に係る所有権移転登記については，固定資産税評価額の1,000分の4の登録免許税を支払う必要があり，通常の登録免許税（建物；1,000分の20，土地；1,000分の20（令和5年3月31日までは1,000分の15））に比べて軽減されています（登免法別表第1一(二)イ，措法72）。

8　会計処理

⑴　子会社同士の合併の場合

①　資産超過の場合

　子会社同士の合併では，会社計算規則35条に規定する資本金，資本準備金及びその他資本剰余金に任意に配分する方法と同36条に規定する被合併法人の純資産の部をそのまま引き継ぐ方法の2つのいずれかを選択適用します。

ケーススタディ 子会社同士の合併

被合併法人の貸借対照表（簿価ベース）

科　目	金　額	科　目	金　額
資産	3,000百万円	負債	2,000百万円
		資本金	10百万円
		資本準備金	10百万円
		利益準備金	2百万円
		その他利益剰余金	978百万円
合　計	3,000百万円	合　計	3,000百万円

受入仕訳（計規36適用）

（諸　資　産）	3,000百万円	（諸　負　債）	2,000百万円
		（資　本　金）	10百万円
		（資本準備金）	10百万円
		（利益準備金）	2百万円
		（その他利益剰余金）	978百万円

受入仕訳（計規35適用）

（諸　資　産）	3,000百万円	（諸　負　債）	2,000百万円
		（資　本　金）	0百万円
		（その他資本剰余金）	1,000百万円

※　増加する株主資本の額の2分の1以上を資本金の額に組み入れるという規定が，会社法445条1項から3項に規定されています。しかし，合併を行った場合には，同条5項が適用された結果，会社法445条1項に定める「別段の定め」により同項が適用されません。すなわち，増加する株主資本の額の2分の1以上を資本金の額に組み入れるという規定が適用されないことにより，増加する株主資本の額のすべてをその他資本剰余金に組み入れることが可能になります。

②　債務超過の場合

　子会社同士の合併で，被合併法人が債務超過である場合であっても，資本金，資本準備金及びその他資本剰余金に任意に配分する方法と，被合併法人の純資

産の部をそのまま引き継ぐ方法の2つを選択適用します。

　しかし，資本金，資本準備金及びその他資本剰余金に任意に配分する方法を選択する場合には，その他利益剰余金の減少額として処理します。具体的には，以下のケーススタディをご参照ください。

ケーススタディ　債務超過会社との合併

被合併法人の貸借対照表（簿価ベース）

科　　目	金　　額	科　　目	金　　額
資産	3,000百万円	負債	4,000百万円
		資本金	10百万円
		資本準備金	10百万円
		その他利益剰余金	△1,020百万円
合　　計	3,000百万円	合　　計	3,000百万円

受入仕訳（計規36適用）

（諸　資　産）	3,000百万円	（諸　　負　　債）	4,000百万円
		（資　本　金）	10百万円
		（資　本　準　備　金）	10百万円
		（その他利益剰余金）	△1,020百万円

受入仕訳（計規35適用）

（諸　資　産）	3,000百万円	（諸　　負　　債）	4,000百万円
		（その他利益剰余金）	△1,000百万円

(2)　親子合併の場合

①　100%子会社との合併

　親会社を合併法人とし，子会社を被合併法人とする吸収合併を行う場合には，子会社から受け入れた資産及び負債の簿価純資産価額のうち親会社持分に相当する部分の金額と親会社が保有していた子会社株式の帳簿価額との差額を特別

損益として計上します。

　例えば，子会社から受け入れた資産及び負債の簿価純資産価額が600百万円であり，親会社の保有比率が100％である場合において，子会社株式の帳簿価額が700百万円であるときは，特別損失の金額は100百万円になります。

ケーススタディ 子会社の吸収合併（完全子会社との合併）

前提条件

- 合併法人をA社，被合併法人をB社とする。
- 受け入れた資産の帳簿価額は3,000百万円，負債の帳簿価額は2,400百万円である。
- 合併法人は被合併法人の発行済株式のすべてを保有しており，被合併法人株式の帳簿価額は700百万円である。

仕訳

（諸　資　産）	3,000百万円	（諸　負　債）	2,400百万円
（特　別　損　失）	100百万円	（子会社株式）	700百万円

② 少数株主が存在する場合

　これに対し，少数株主が存在する場合には，親会社の保有比率に相当する部分の金額に対してのみ特別損益が認識され，それ以外の部分の金額は払込資本の増減として取り扱われます。

ケーススタディ 子会社の吸収合併（少数株主が存在するケース）

前提条件

- 合併法人をA社，被合併法人をB社とする。
- 受け入れた資産の帳簿価額は3,000百万円，負債の帳簿価額は2,400百万円である。
- 合併法人は被合併法人の発行済株式総数の70％を保有しており，被合併法

人株式の帳簿価額は500百万円である。

・増加した株主資本の額はすべてその他資本剰余金として処理する。

【仕訳】

（諸　　資　　産）	3,000百万円	（諸　　負　　債）	2,400百万円
		（その他資本剰余金）	180百万円
（特　別　損　失）	80百万円	（子　会　社　株　式）	500百万円

※　その他資本剰余金の金額＝(3,000百万円−2,400百万円)×30％
　　　　　　　　　　　　　　＝180百万円
※　特別損失の金額＝500百万円−(3,000百万円−2,400百万円)×70％
　　　　　　　　　＝80百万円

---

(3)　逆さ合併の場合

①　基本的な取扱い

　子会社を合併法人とし，親会社を被合併法人とする吸収合併を行う場合には，合併法人（子会社）が合併により被合併法人（親会社）から移転を受けた自己株式（子会社株式）を，そのまま被合併法人の株主（親会社の株主）に交付することが一般的です。

　例えば，親会社が保有する子会社株式が100株であり，親会社の株主がA氏30株，B氏100株，C氏70株である場合には，A氏に15株，B氏に50株，C氏に35株をそれぞれ交付します。

　しかし，A氏が31株を保有している場合には，0.5株の端数が生じてしまいます。

　これを避けるためには，合併前に合併法人（子会社）が株式分割を行い，被合併法人（親会社）の発行済株式総数と同数にしておくことにより合併比率を1対1にしておくことが望ましいと思われます。

② 資本金，資本準備金及びその他資本剰余金に任意に配分する方法

　前述のように，合併により増加した株主資本の額を払込資本の額（資本金，資本準備金またはその他資本剰余金）として処理することができます。

　しかしながら，前述のように，合併により被合併法人（親会社）から移転を受けた自己株式をそのまま被合併法人の株主（親会社の株主）に交付する場合には，被合併法人から受け入れた株主資本の額から処分した自己株式の帳簿価額を控除した差額を払込資本の増加とします。

　例えば，被合併法人である親会社の株主資本の額が100であり，親会社が保有していた子会社株式（合併法人株式）の帳簿価額が70である場合において，当該子会社株式の全部を合併対価資産として交付するときは，差額の30を払込資本の増加額として取り扱い，資本金，資本準備金及びその他資本剰余金に配分します。

【合併受入仕訳】

（資　　　　産）	×××	（負　　　　債）	×××
（自　己　株　式）	70	（払　込　資　本）	100
（払　込　資　本）	100	（資　　本　　金）	×××
		（資　本　準　備　金）	×××
		（その他資本剰余金）	×××
		（自　己　株　式）	70

③ 被合併法人の純資産の部をそのまま引き継ぐ方法

　前述のように，被合併法人の合併期日の資本金，資本準備金，その他資本剰余金，利益準備金及びその他利益剰余金の内訳科目をそのまま引き継ぐことが認められています（会社法445⑤，計規36）。

　しかしながら，前述のように，合併により被合併法人（親会社）から移転を受けた自己株式をそのまま被合併法人の株主（親会社の株主）に交付する場合には，被合併法人の純資産の部をそのまま引き継ぎ，処分した自己株式の帳簿価額をその他資本剰余金のマイナスとして処理します。

【合併受入仕訳】

（資　　　　産）	×××	（負　　　　債）	×××
（自　己　株　式）	×××	（資　　本　　金）	×××
		（資　本　準　備　金）	×××
		（その他資本剰余金）	×××
		（利　益　準　備　金）	×××
		（その他利益剰余金）	×××
（その他資本剰余金）	×××	（自　己　株　式）	×××

⑨　会計・税務から見た合併契約書の確認ポイント

　合併契約書を作成するときに，会計・税務の観点からは，以下の項目を確認する必要があります。

(ⅰ)　税制適格要件を満たす内容になっているのか。

(ⅱ)　合併により交付する対価はどのようになっているのか。

(ⅲ)　純資産の部はどのような処理になっているのか。

(ⅳ)　従業員の処遇はどのようになっているのか。

(ⅴ)　役員退職慰労金はどのようになっているのか。

(ⅵ)　合併後の役員構成はどのようになっているのか。

　このうち，(ⅱ)と(ⅲ)の具体例は，以下のようになります。

■合併契約書（一部抜粋）

（合併対価の交付及び割当て）

第2条　甲は，合併に際して，普通株式100株を発行し，第○○条に定める
　　　　効力発生日前日最終の乙の株主名簿に記載された乙の株主に対して，
　　　　乙株式1株に対して，甲株式2株の割合で割当交付する。

（増加すべき資本金及び準備金）

第3条　合併により増加すべき甲の資本金及び準備金は，次のとおりとする。

　1．資本金　　　　　　　　　　10,000,000円

　2．資本準備金　　　　　　　　0円

　3．利益準備金　　　　　　　　0円

　4．その他資本剰余金　　　　　0円

　5．その他利益剰余金　　合併の効力発生日直前における乙のその他利益剰余金の金額

　上記のうち，第3条では，被合併法人の純資産の部をそのまま引き継ぐ方法を採用した場合に，被合併法人の資本金の額が10,000,000円であり，それ以外がその他利益剰余金であった事案を想定しています。

　そのため，資本準備金または利益準備金を増加させる場合には異なる記載方法となります。

　さらに，資本金，資本準備金及びその他資本剰余金に任意に配分する方法を選択した場合も異なる記載方法となります。

　また，第2条では，被合併法人の株主に対して合併法人株式を交付する方法を前提としました。

　合併法人が被合併法人株式のすべてを保有している場合には無対価合併にならざるを得ないため，「吸収合併存続会社である甲は，吸収合併消滅会社である乙の発行済株式の全部を保有しているため，本件合併に際し，合併対価を交付しない。」と記載することになるでしょう。

　なお，会社法では，合併法人のことを吸収合併存続会社と表記し（会社法749①柱書），被合併法人のことを吸収合併消滅会社と表記します（会社法749①一）。

10 法人税確定申告書の作成

(1) 被合併法人の確定申告書

　合併を行った場合には，被合併法人は，合併の日の前日でみなし事業年度を区切り，確定申告を行う必要があります（法法14①二）。

　しかし，被合併法人の確定申告書を提出する段階では，被合併法人が合併により解散しているため，合併法人が申告義務を承継します。そのため，合併法人が，合併法人の納税地において被合併法人の確定申告書を提出します（法基通1－1－5）。

　合併法人の社名がA社，被合併法人の社名がB社である場合には，被合併法人の確定申告書の法人名に「A社（被合併法人B社）」と記載することが多いと思われます。

(2) 合併法人の別表四，五(一)の作成方法

① 子会社同士の合併

　子会社同士の合併は，会計上，「共通支配下の取引等」に該当するため，資産及び負債を帳簿価額で引き継ぎます。

　「8 会計処理」で解説したように，会計上，共通支配下の取引等に該当した場合には，会社計算規則35条に規定する資本金，資本準備金及びその他資本剰余金に任意に配分する方法と，同36条に規定する被合併法人の純資産の部をそのまま引き継ぐ方法の2つを選ぶことができます。

　このうち，後者の方法を採用した場合には，会計処理と税務処理が近くなるため，本書では後者の方法のみを解説します。

ケーススタディ 子会社同士の合併

前提条件

(イ) 被合併法人B社の純資産の部

会計上		税務上	
資本金	200	資本金等の額	200
その他利益剰余金	200	利益積立金額	300
合　計	400	合　計	500

(ロ) 合併直前の被合併法人B社の利益積立金額

項　目	金　額
賞与引当金	30
退職給付引当金	70
納税充当金	50
未納法人税等	△50
その他利益剰余金	200
合　計	300

(ハ) 合併事業年度の直前事業年度末における合併法人A社の利益積立金額

項　目	金　額
納税充当金	300
未納法人税等	△300
その他利益剰余金	1,000
合　計	1,000

(ニ) 合併事業年度の直前事業年度末における合併法人A社の純資産の部

会計上		税務上	
資本金	500	資本金等の額	500
その他利益剰余金	1,000	利益積立金額	1,000
合　計	1,500	合　計	1,500

会計上の仕訳と税務上の仕訳

【会計上の仕訳】

（諸　資　産）	×××	（諸　負　債）	×××
		（資　本　金）	200
		（その他利益剰余金）	200

【税務上の仕訳】

（諸　資　産）	×××	（諸　負　債）	×××
		（資本金等の額）	200
		（利益積立金額）	300

あるべき申告調整

<table>
<tr><th colspan="6">Ⅰ　利益積立金額の計算に関する明細書</th></tr>
<tr><th rowspan="2">区　分</th><th rowspan="2">期　首　現　在
利益積立金額</th><th colspan="2">当期の増減</th><th rowspan="2">差引翌期首現在
利益積立金額</th></tr>
<tr><th>減</th><th>増</th></tr>
<tr><td></td><td>①</td><td>②</td><td>③</td><td>④</td></tr>
<tr><td>賞与引当金</td><td></td><td></td><td>※　30</td><td>30</td></tr>
<tr><td>退職給付引当金</td><td></td><td></td><td>※　70</td><td>70</td></tr>
<tr><td>繰越損益金</td><td>1,000</td><td>1,000</td><td>※　200
1,000</td><td>1,200</td></tr>
<tr><td>納税充当金</td><td>300</td><td>350</td><td>※　50</td><td>0</td></tr>
<tr><td>未納法人税等</td><td>△300</td><td>△350</td><td>※△50</td><td>0</td></tr>
<tr><td>差引合計額</td><td>1,000</td><td>1,000</td><td>1,300</td><td>1,300</td></tr>
</table>

<table>
<tr><th colspan="6">Ⅱ　資本金等の額の計算に関する明細書</th></tr>
<tr><th rowspan="2">区　分</th><th rowspan="2">期　首　現　在
資本金等の額</th><th colspan="2">当期の増減</th><th rowspan="2">差引翌期首現在
資本金等の額</th></tr>
<tr><th>減</th><th>増</th></tr>
<tr><td></td><td>①</td><td>②</td><td>③</td><td>④</td></tr>
<tr><td>資本金</td><td>500</td><td></td><td>200</td><td>700</td></tr>
<tr><td>資本準備金</td><td></td><td></td><td></td><td></td></tr>
<tr><td>差引合計額</td><td>500</td><td></td><td>200</td><td>700</td></tr>
</table>

　このように，「Ⅰ．利益積立金額の計算に関する明細書」では，増加欄に※を付して記入します。※を付す理由は，合併受入処理による利益積立金額の増加は，別表四では調整の対象にならないことから，他の調整項目との違いを明らかにする必要があるからです。なお，※の合計金額は，【税務上の仕訳】の利益積立金額の増加額300と一致します。

　さらに，「Ⅱ．資本金等の額の計算に関する明細書」でも，合併に伴い資本金等の額の増減が生じているため，その事実を別表において明らかにする必要があります。

簡便的な申告調整

　しかし，これらの合併による影響を増加欄に反映させた場合には，申告ソフトのほとんどが増加欄，減算欄を別表四に連動するようになっていることから，強制入力を行わない限り，適正に処理することができません。また，未納法人税等についても，別表五(二)への連動がうまくいかなくなってしまいます。

　そこで，実務では，合併に伴う受入処理を期首欄に反映させる方法が一般的です。具体的には以下のとおりです。

Ⅰ　利益積立金額の計算に関する明細書				
区　分	期 首 現 在 利 益 積 立 金 額	当期の増減		差引翌期首現在 利 益 積 立 金 額
		減	増	
	①	②	③	④
賞与引当金	※　30			30
退職給付引当金	※　70			70
繰越損益金	1,200	1,200	1,200	1,200
納税充当金	350	350		0
未納法人税等	△350	△350		0
差引合計額	1,300	1,200	1,200	1,300

Ⅱ　資本金等の額の計算に関する明細書				
区　分	期　首　現　在 資本金等の額	当期の増減		差引翌期首現在 資本金等の額
		減	増	
	①	②	③	④
資本金	500		200	700
資本準備金				
差引合計額	500		200	700

　※　繰越損益金，未納法人税等及び納税充当金は，合併法人と被合併法人の合計金額になります。

　上記のように記載すれば，強制入力を行わなくても，申告システムをうまく活用することができるため，実務では上記のやり方も認められています。

　なお，そのような場合であっても，被合併法人から引き継いだ賞与引当金，退職給付引当金に※を付すことにより，被合併法人から引き継いだ申告調整項目であることを明確化することが多いようです。

　また，この方法に加えて，別表五（一）に別紙としてワードまたはエクセルで作成した以下のような表を添付して提出する方法も見受けられます。

　この表では，①合併法人の金額は合併法人の前事業年度における差引翌期首現在利益積立金額に，②被合併法人の金額は被合併法人の最後事業年度における差引翌期首現在利益積立金額に，③合計の金額は合併法人の当事業年度における期首現在利益積立金額にそれぞれ一致します。

	①合併法人	②被合併法人	③合計
賞与引当金		30	30
退職給付引当金		70	70
繰越損益金	1,000	200	1,200
納税充当金	300	50	350
未納法人税等	△300	△50	△350
差引合計額	1,000	300	1,300

②　子会社との合併

　親会社が子会社を吸収合併する場合には，会計上，子会社株式の帳簿価額と受入純資産との差額を特別損益に計上する必要があります。

　これに対し，法人税法上は，子会社株式の税務上の帳簿価額が資本金等の額のマイナスとして処理されるため，会計上の処理と法人税法上の処理が全く異なります。

　具体的には，以下のケーススタディをご参照ください。

ケーススタディ　完全子会社の吸収合併 ─────────

前提条件

㈇　合併法人A社は被合併法人B社の発行済株式のすべてを保有しており，被合併法人株式の帳簿価額は700である。

㈁　被合併法人B社の純資産の部

会計上		税務上	
資本金	100	資本金等の額	100
その他利益剰余金	500	利益積立金	500
合　計	600	合　計	600

　※　資産の帳簿価額は3,000であり，負債の帳簿価額は2,400である。

㈠　合併直前における被合併法人B社の利益積立金額

項　目	金　額
納税充当金	10
未納法人税等	△10
その他利益剰余金	500
合　計	500

㈡　合併事業年度の直前事業年度末における合併法人Ａ社の利益積立金額

項　目	金　額
納税充当金	300
未納法人税等	△300
その他利益剰余金	1,000
合　計	1,000

㈭　合併事業年度の直前事業年度末における合併法人Ａ社の純資産の部

会計上		税務上	
資本金	500	資本金	500
その他利益剰余金	1,000	利益積立金	1,000
合　計	1,500	合　計	1,500

会計上の仕訳

（諸　資　産）	3,000	（諸　負　債）	2,400
（特 別 損 失）	100	（子 会 社 株 式）	700

税務上の仕訳

（諸　資　産）	3,000	（諸　負　債）	2,400
		（資本金等の額）	100
		（利益積立金額）	500
（資本金等の額）	700	（子 会 社 株 式）	700

※　会計監査を受けていない会社では，税務上の仕訳に合わせるために，以下の会計上の仕訳を行う事例が散見されます。資本金や法定準備金を増減させていないため，合併に関する登記では問題にならないのかもしれませんが，会計基準違反ですので，望ましい会計処理ではありません。

【誤った会計上の仕訳】

（諸　資　産）	3,000	（諸　負　債）	2,400
		（その他資本剰余金）	100
		（その他利益剰余金）	500
（その他資本剰余金）	700	（子 会 社 株 式）	700

合併法人A社における申告調整

■別表四

区　分	総　額	処　分	
		留　保	社外流出
	①	②	③
当期利益又は当期欠損の額	△100	△100	
加算　子会社株式消却損	100	100	
減算	0	0	
仮　　計	0	0	
合　　計	0	0	
総　　計	0	0	
差引計	0	0	
所得金額又は欠損金額	0	0	

■別表五（一）

	Ⅰ　利益積立金額の計算に関する明細書			
区　分	期　首　現　在 利益積立金額	当期の増減		差引翌期首現在 利益積立金額
		減	増	
	①	②	③	④
子会社株式消却損		※100	100	0
資本金等の額			※　600	600
繰越損益金	1,000	1,000	900	900
納税充当金	300	310	※　10	0
未納法人税等	△300	△310	※△10	0
差引合計額	1,000	1,100	1,600	1,500

Ⅱ　資本金等の額の計算に関する明細書				
区　分	期 首 現 在 資 本 金 等 の 額	当期の増減		差引翌期首現在 資 本 金 等 の 額
		減	増	
	①	②	③	④
資本金	500			500
資本準備金				
利益積立金額			△600	△600
差引合計額	500		△600	△100

解説

(i)　抱き合わせ株式の消却

　会計上，抱き合わせ株式の消却により特別損失（100）が計上されていますが，税務上，損金の額に算入できないため，別表四を通して加算調整を行います。

　その結果，別表四，別表五(一)に「子会社株式消却損」として増加欄に100をそれぞれ記載します。

(ii)　純資産の部の調整

　会計上，合併により資本金，資本準備金及びその他資本剰余金は増加していません。これに対して，税務上は，被合併法人の資本金等の額の引継ぎ（100），抱き合わせ株式の消却（△700）により，最終的に600減少しています。

　そのため，「Ⅱ．資本金等の額の計算に関する明細書」の増加欄に「利益積立金額 △600」と記載するとともに，「Ⅰ．利益積立金額の計算に関する明細書」の増加欄に「資本金等の額600」と記載することにより，会計上の資本金等の額と税務上の資本金等の額との差額を調整します。

　また，(i)において加算調整を行った「子会社株式消却損」も，上記の資本金等の額の調整に伴って，別表四を通さずに減算調整を行い，残高をゼロにします。

　上記の申告調整を行った結果，合併後の利益積立金額が1,500（合併法人1,000，被合併法人500），資本金等の額が△100（合併法人500，被合併法人100，抱き合わせ株式△700）となります。

⑶　合併法人の別表七(一)の作成方法

　適格合併を行った場合には，被合併法人の繰越欠損金を合併法人に引き継ぐことができます（法法57②）。本書では，支配関係が生じてから5年を超えているグループ内合併を前提としているため，繰越欠損金の引継制限が課されないことを前提とします。

　この場合には，別表七(一)付表一「適格組織再編成等が行われた場合の調整後の控除未済欠損金額の計算に関する明細書」の作成が必要になります。これを含めると，法人税確定申告書に添付が必要な別表は以下のとおりとなります。

> ①　別表七(一)「欠損金又は災害損失金の損金算入に関する明細書」
> ②　別表七(一)付表一「適格組織再編成等が行われた場合の調整後の控除未済欠損金額の計算に関する明細書」
> ③　被合併法人の適格合併の日の前日の属する事業年度の法人税確定申告書に添付された別表七(一)

　なお，事業税の確定申告において，第六号様式別表十二「適格組織再編成等が行われた場合の調整後の控除未済欠損金額等の計算に関する明細書」も添付する必要があります。具体的な書き方は，法人税確定申告書の別表七(一)付表一の書き方と変わりません。

　※　住民税には繰戻還付の制度がないため，法人税で繰戻還付を行っている場合には，住民税において「控除対象還付法人税額」として取り扱われます（地法53⑫，321の8⑫）。そして，被合併法人に控除対象還付法人税額がある場合には，適格合併により，合併法人に引き継ぐことができます（地法53⑬，321の8⑬）。なお，本書では詳細な解説は省略しますが，東京都主税局HPに記載されている「控除

対象還付法人税額又は控除対象個別帰属還付税額の控除明細書（第6号様式別表2の5）」記載の手引きでは，同別表にて，被合併法人の控除対象還付法人税額と合併法人の控除対象還付法人税額を区分して記載することが明らかにされています。

ケーススタディ 別表七（一）付表一の作成方法 ━━━━━━━━━

前提条件

- 合併法人A社は3月決算法人であり，被合併法人B社は12月決算法人である。
- 合併期日は×8年10月1日である。
- 支配関係発生日は×1年7月1日である。
- 合併法人A社は，被合併法人B社の発行済株式のすべてを保有している。
- 合併法人A社は，繰越欠損金を有していない。
- 被合併法人B社の繰越欠損金の金額は以下のとおりである。

事業年度	繰越欠損金の残高
×6年12月期	1,000
×7年12月期	2,000
×8年9月期	5,000
合　計	8,000

- ×9年3月期における繰越欠損金使用前の課税所得は10,000である。
- 合併法人A社は，中小法人等に該当する。

申告書の書き方

　合併法人A社は被合併法人B社の繰越欠損金を引き継ぐために，別表七（一）だけでなく，別表七（一）付表一を作成する必要があります。別表七（一）付表一の構成は以下のとおりです。

> 上段；繰越欠損金の引継ぎ
> 中段；引継制限，使用制限を受ける部分の金額の計算
> 下段；中段の金額を算定するための「特定資産譲渡等損失相当額」の計算

　このうち，第4欄を見ると，「共同事業要件に該当する場合又は5年継続支配関係がある場合のいずれかに該当する場合」と記載されています。これは，みなし共同事業要件を満たす場合または支配関係が生じてから5年を経過している場合には第4欄を使用し，それ以外の場合には第5欄以降を使用するという意味です。ここでは，支配関係が生じてから5年を経過しているグループ内合併であるため，第4欄を使用し，第5欄以降は使用しません。

　まず，第4欄に記載された合併法人の繰越欠損金が第1欄に転記され，被合併法人の繰越欠損金が第2欄に転記されます。すなわち，合併法人と被合併法人の両方に繰越欠損金がある場合には，合併法人が合併前に保有していた繰越欠損金，被合併法人から合併により引き継ぐ繰越欠損金のいずれについても，それぞれ第4欄に記載する必要があるため，別表七(一)付表一が2枚必要になります。本事例では，被合併法人から引き継いだ繰越欠損金のみが問題となるため，別表七(一)付表一は1枚のみ作成します。さらに，被合併法人の最後事業年度における繰越欠損金の残高についての根拠資料が必要になるため，前述のように，同付表の次に「被合併法人の適格合併の日の前日の属する事業年度の法人税確定申告書に添付された別表七(一)」を添付する必要があります。

　そして，第1欄と第2欄の繰越欠損金を合計したものが第3欄に記載されます。具体的には，被合併法人の繰越欠損金が生じた事業年度開始の日の属する合併法人の事業年度の青色欠損金として処理されるため，被合併法人B社の×6年12月期の繰越欠損金が合併法人A社の×6年3月期の青色欠損金として処理され，その後の事業年度においても同様に処理を行います。この繰越欠損金の帰属事業年度については，前述「**3**(2)　繰越欠損金の帰属事業年度」をご参照ください。

　さらに，別表七(一)付表一第3欄の金額が別表七(一)第3欄に転記され，×9年3月期に発生した課税所得と相殺されます。

| 欠損金又は災害損失金の損金算入等に関する明細書 | 事業年度 | X 8 ・ 4 ・ 1
X 9 ・ 3 ・ 31 | 法人名 | A | 別表七（一） |

令三・四・一以後終了事業年度分

| 控除前所得金額
（別表四「39の①」）−（別表七（二）「9」又は「21」） | 1 | 円
10,000 | 所得金額控除限度額
(1) × 50又は100／100 | 2 | 円
10,000 |

事業年度	区　分	控除未済欠損金額	当期控除額 当該事業年度の(3)と((2)−当該事業年度前の(4)の合計額)のうち少ない金額	翌期繰越額 ((3)−(4))又は(別表七(三)「15」)
		3	4	5
	青色欠損・連結みなし欠損・災害損失	円	円	円
	青色欠損・連結みなし欠損・災害損失			円
	青色欠損・連結みなし欠損・災害損失			
	青色欠損・連結みなし欠損・災害損失			
	青色欠損・連結みなし欠損・災害損失			
	青色欠損・連結みなし欠損・災害損失			
	青色欠損・連結みなし欠損・災害損失			
X 5 ・ 4 ・ 1 X 6 ・ 3 ・ 31	青色欠損・連結みなし欠損・災害損失	1,000	1,000	0
X 6 ・ 4 ・ 1 X 7 ・ 3 ・ 31	青色欠損・連結みなし欠損・災害損失	2,000	2,000	0
X 7 ・ 4 ・ 1 X 8 ・ 3 ・ 31	青色欠損・連結みなし欠損・災害損失	5,000	5,000	0
	計	8,000	8,000	0

当期分	欠損金額（別表四「48の①」）		欠損金の繰戻し額	
	同上のうち	災害損失金		
		青色欠損金		
	合　計			0

災害により生じた損失の額の計算

災害の種類			災害のやんだ日又はやむを得ない事情のやんだ日	
災害を受けた資産の別		棚卸資産	固定資産（固定資産に準ずる繰延資産を含む。）	計 ⑦ ＋ ⑧
		⑦	⑧	⑨
当期の欠損金額（別表四「48の①」）	6			円
資産の滅失等により生じた損失の額	7	円	円	
被害資産の原状回復のための費用等に係る損失の額	8			
被害の拡大又は発生の防止のための費用に係る損失の額	9			
計 (7)＋(8)＋(9)	10			
保険金又は損害賠償金等の額	11			
差引災害により生じた損失の額 (10)−(11)	12			
同上のうち所得税額の還付又は欠損金の繰戻しの対象となる災害損失金額	13			
中間申告における災害損失欠損金の繰戻し額	14			
繰戻しの対象となる災害損失欠損金額 ((6の⑨)と((13の⑨)−(14の⑨))のうち少ない金額)	15			
繰越控除の対象となる損失の額 ((6の⑨)と((12の⑨)−(14の⑨))のうち少ない金額)	16			

適格組織再編成等が行われた場合の調整後の控除未済欠損金額の計算に関する明細書

| 事業年度 | X 8・4・1　X 9・3・31 | 法人名 | A |

適格組織再編成等が行われた場合の調整後の控除未済欠損金額

事業年度	欠損金の区分	控除未済欠損金額又は調整後の当該法人分の控除未済欠損金額　前期の別表七（一）「5」又は（4）、（7）若しくは別表七（一）付表三「5」若しくは別表七（一）付表四「5」　1	被合併法人等から引継ぎを受ける未処理欠損金額　適格合併等の別　適格合併　残余財産の確定　適格合併等の日：X 8・10・1　被合併法人等の名称：　被合併法人等の欠損金の区分	被合併法人等の未処理欠損金額　最終の事業年度の別表七（一）「5」若しくは別表七（一）付表三「5」　2	調整後の控除未済欠損金額　(1)＋(2)　3
X 5・4・1　X 6・3・31		円	X 6・1・1　X 6・12・31　青色欠損	1,000 円	1,000 円
X 6・4・1　X 7・3・31			X 7・1・1　X 7・12・31　青色欠損	2,000	2,000
X 7・4・1　X 8・3・31			X 8・1・1　X 8・9・30　青色欠損	5,000	5,000
・・・			・・・		
・・・			・・・		
・・・			・・・		
・・・			・・・		
・・・			・・・		
計			計	8,000	8,000

支配関係がある法人との間で適格組織再編成等が行われた場合の未処理欠損金額又は控除未済欠損金額の調整計算の明細

| 適格組織再編成等の別 | 合併（適格）・非適格）・残余財産の確定・適格分割・適格現物出資・適格現物分配 | 適格組織再編成等の日 | X 8・10・1 |
| 対象法人の別 | 被合併法人等（名称：B　）・当該法人 | 支配関係発生日 | X 1・7・1 |

対象法人の事業年度	欠損金の区分	共同事業要件に該当する場合又は5年継続支配関係がある場合のいずれかに該当する場合　被合併法人等の未処理欠損金額又は当該法人の控除未済欠損金額　被合併法人等の最終の事業年度の別表七（一）「5」又は当該法人の前期の別表七（一）「5」　4	共同事業要件に該当する場合又は5年継続支配関係がある場合のいずれにも該当しない場合　被合併法人等の未処理欠損金額又は当該法人の控除未済欠損金額　被合併法人等の最終の事業年度の別表七（一）「5」又は当該法人の前期の別表七（一）「5」　5	支配関係事業年度以後の事業年度のうち特定資産譲渡等損失相当額以外の部分から成る欠損金額　(8)－(12)　6	引継ぎを受ける未処理欠損金額又は調整後の当該法人分の控除未済欠損金額　支配関係事業年度前の事業年度にあっては0、支配関係事業年度以後の事業年度にあっては(5)と(6)のうち少ない金額　7
X 6・1・1　X 6・12・31	青色欠損	1,000 円	円	円	円
X 7・1・1　X 7・12・31	青色欠損	2,000			
X 8・1・1　X 8・9・30	青色欠損	5,000			
・・・					
・・・					
・・・					
・・・					
・・・					
・・・					
計		8,000			

支配関係事業年度以後の欠損金額のうち特定資産譲渡等損失相当額の計算の明細

対象法人の支配関係事業年度以後の事業年度	支配関係事業年度以後の欠損金発生額　支配関係事業年度以後の事業年度のそれぞれの別表七（一）「当期分の青色欠損金」　8	欠損金額のうち特定資産譲渡等損失相当額の計算			欠損金額のうち特定資産譲渡等損失相当額　(8)と(11)のうち少ない金額　12
		特定引継資産又は特定保有資産の譲渡等特定事由による損失の額の合計額　9	特定引継資産又は特定保有資産の譲渡等特定事由による利益の額の合計額　10	特定資産譲渡等損失額　((9)－(10))又は(別表七（一）付表二「5」)　11	
・・・	内　円	円	円	円	円
・・・	内				
・・・	内				
・・・	内				
・・・	内				
計					

(4)　添付書類

　被合併法人及び合併法人の法人税確定申告書に，合併契約書及び組織再編成に係る主要な事項の明細書を添付する必要があります。

　具体的な作成方法は以下のとおりです。なお，以下のケーススタディでは，合併法人の確定申告書に添付する明細書を前提としています。

ケーススタディ①　完全支配関係がある場合 ────────

前提条件

- 合併期日は×8年10月1日である。
- 支配関係発生日は×1年7月1日である。
- 合併法人A社は，被合併法人B社の発行済株式のすべてを保有している。

作成方法

① 提出対象法人の区分，組織再編成の態様及び組織再編成の日（1欄）

- 申告書を提出する法人である自社の区分及び態様を記載するため，区分は「合併法人」のところを○で囲み，態様は「合併」のところを○で囲みます。なお，被合併法人B社の確定申告書に添付する場合，区分は「被合併法人」を○で囲みます。
- 組織再編成の日は，合併契約書に記載した効力発生日（本ケースでは「8.10.1」）を記載します。

② 相手方の区分，名称及び所在地（2欄）

- 相手方の区分は「被合併法人」のところを○で囲みます。
- 名称及び所在地は被合併法人B社の名称及び所在地を記載します。なお，被合併法人B社の確定申告書に添付する場合には，「合併法人」を○で囲み，合併法人A社の名称及び所在地を記載します。

③ 移転した（又は交付した）資産又は負債の明細（3欄），移転を受けた資産又は負債の明細（4欄）

- 合併法人の場合には，4欄の「移転を受けた資産又は負債の明細」欄に被

合併法人から移転を受けた資産又は負債の種類及び価額（適格合併の場合には，被合併法人の移転直前の帳簿価額）を記載します。なお，記載欄が小さいため，実務上は「別紙添付」と記載し，別紙に移転を受けた資産又は負債の明細を記載して添付するケースも多いと思われます。

- 被合併法人の場合には，3欄の「移転した（又は交付した）資産又は負債の明細」に合併法人に移転した資産又は負債の種類及び価額（適格合併の場合には移転直前の帳簿価額）を記載します。

④　適格区分（5欄）

- 適格合併の場合には，「適格」を○で囲み，法第2条第十二号の八と記載します。

⑤　株式保有関係（6欄）

- 完全支配関係での合併の場合には，親子合併だと令第4条の3第2項第1号，兄弟合併だと令第4条の3第2項第2号が該当します。

- 「直接保有」，「間接保有」は，合併の直前とその後の継続見込みについて記載します。なお，親子合併の場合には，合併後の資本関係が要求されていないため，組織再編成後のところを記載する必要はありません。

- 本ケースでは，完全支配関係のある親子間の合併であるため「令第4条の3第2項第1号」と記載し，（組織再編成前）直接保有の欄に100％と記載し，（組織再編成後）はブランクとします。

⑥　第7欄〜第12欄

　支配関係が生じてから5年を超えているグループ内合併では重要性が乏しいため，詳細な解説は省略します（あえて記載しない事案も存在します）。

付表

組織再編成に係る主要な事項の明細書	事業年度	X 8・4・1 X 9・3・31	法人名	A

		区　　　分	態　　　様	組織再編成の日
提出対象法人の区分、組織再編成の態様及び組織再編成の日	1	被合併法人・合併法人・分割法人・分割承継法人・現物出資法人（株式交付以外）・被現物出資法人（株式交付以外）・株式交付親会社・現物分配法人・被現物分配法人（適格現物分配）・株式交換完全親法人・株式交換完全子法人・株式移転完全親法人・株式移転完全子法人	合併・分割型分割（単独新設分割型分割以外）・単独新設分割型分割・分社型分割・中間型分割・現物出資（株式交付以外）・株式交付・現物分配（株式分配以外）・株式分配・株式交換・株式移転	8・10・1

		区　　　分	名　　　称	所　在　地
相手方の区分、名称及び所在地	2	合併法人・被合併法人・分割承継法人・分割法人・被現物出資法人・現物出資法人（株式交付以外）・株式交付子会社・被現物分配法人・株式交換完全子法人・株式交換完全親法人・株式移転完全子法人・株式移転完全親法人	B	東京都（以下、本記載例においては省略）

		資産・負債の種類	価　額　等	株式交付にあっては左の算定根拠
移転した（又は交付した）資産又は負債の明細	3			

		資産・負債の種類	価　額　等	
移転を受けた資産又は負債の明細	4			

適　格　判　定　に　係　る　主　要　な　事　項

適　格　区　分	5	適格　（法第2条第十二号の八該当） その他	

		株式の保有割合	組織再編成前	組織再編成後
株式保有関係	6	令第4条の3第2項第1号該当		
		直接保有	100　%	%
		間接保有	%	%

		組織再編成前	組織再編成後
従業者の数	7	人	人

組織再編成前の主要事業等	8	（継続　・　関連）

関　連　事　業	9	

		指　　標	左の指標による規模の比較
事　業　規　模	10	売上金額・資本金の額又は出資金の額・従業者の数・その他（　　　　）	

		組織再編成前の役職名	組織再編成後の役職名	氏　　名
特定役員等の役職名及び氏名	11			

		氏　名　又　は　名　称	旧　株　数	新株継続保有見込の有無
支配株主の株式の保有状況	12		株	有・無
				有・無
				有・無
		（合計）	株	
		被合併法人等の発行済株式等の数	株	

ケーススタディ② 支配関係がある場合

前提条件

- 合併法人A社は被合併法人B社の株式を80％保有しており，残りの20％をA社と資本関係のないC社が保有している。支配関係発生日は×1年7月1日であり，株式保有割合は同日以降変動していない。
- 被合併法人B社は飲食業を営んでおり，合併（合併期日は×8年10月1日）後も同事業は継続される見込みである。また，合併法人A社も飲食業を営んでいる。
- 被合併法人B社の従業者の数は合併直前時において300人であり，合併後も従業者数の変動は見込まれていない。

作成方法

① 提出対象法人の区分，組織再編成の態様及び組織再編成の日（1欄）
- 申告書を提出する法人である自社の区分及び態様を記載するため，区分は「合併法人」のところを○で囲み，態様は「合併」のところを○で囲みます。なお，被合併法人B社の確定申告書に添付する場合，区分は「被合併法人」を○で囲みます。
- 組織再編成の日は，合併契約書に記載した効力発生日（本ケースでは「8 .10. 1」）を記載します。

② 相手方の区分，名称及び所在地（2欄）
- 相手方の区分は「被合併法人」のところを○で囲みます。
- 名称及び所在地は被合併法人B社の名称及び所在地を記載します。なお，被合併法人B社の確定申告書に添付する場合には，「合併法人」を○で囲み，合併法人A社の名称及び所在地を記載します。

③ 移転した（又は交付した）資産又は負債の明細（3欄），移転を受けた資産又は負債の明細（4欄）
- 合併法人の場合には，4欄の「移転を受けた資産又は負債の明細」欄に被合併法人から移転を受けた資産又は負債の種類及び価額（適格合併の場合には，被合併法人の移転直前の帳簿価額）を記載します。なお，記載欄が

　　小さいため，実務上は「別紙添付」と記載し，別紙に移転を受けた資産又
　　は負債の明細を記載して添付するケースも多いと思われます。
- 被合併法人の場合には，3欄の「移転した（又は交付した）資産又は負債
　の明細」に合併法人へ移転した資産又は負債の種類及び価額（適格合併の
　場合には，移転直前の帳簿価額）を記載します。

④　適格区分（5欄）
- 適格合併の場合には，「適格」を○で囲み，法第2条第十二号の八と記載
　します。

⑤　株式保有関係（6欄）
- 支配関係での合併の場合には，親子合併だと令第4条の3第3項第1号，
　兄弟合併だと令第4条の3第3項第2号が該当します。
- 「直接保有」，「間接保有」は，合併の直前とその後の継続見込みについて
　記載します。なお，親子合併の場合には，合併後の資本関係が要求されて
　いないため，組織再編成後のところを記載する必要はありません。
- 本ケースでは，80％支配関係のある親子間の合併であるため「令第4条の
　3第3項第1号」と記載し，（組織再編成前）直接保有の欄に80％と記載
　し，（組織再編成後）はブランクとします。

⑥　従業者の数（7欄）
- 「組織再編成前」には被合併法人の合併直前の従業者の数を記載し，「組織
　再編成後」には，被合併法人から合併法人に移転した従業者の数を記載し
　ます。「組織再編成後」の欄について，合併法人の従業者の数を記載する
　間違いが散見されますが，従業者引継要件の判定のために記載されるもの
　であるという点に留意が必要です。
- 本ケースでは，「組織再編成前」及び「組織再編成後」ともに300と記載し
　ます。

⑦　組織再編成前の主要事業等（8欄）及び関連事業（9欄）
- 「組織再編成前の主要事業等」（8欄）は，提出する法人が合併法人の場合
　には，その合併前に行っていた事業を記載し，その記載した事業が「関連

事業」に記載した事業と関連する場合には「関連」を○で囲みます。なお，被合併法人が提出する確定申告書に添付する場合には，その合併前に行っていた主要な事業を記載し，その記載した事業が合併法人において引き続き行われる場合には「継続」を○で囲み，記載した事業が「関連事業」に記載した事業と関連する場合には「関連」を○で囲みます。

- 本ケースでは，合併法人Ａ社の事業である「飲食業」と記載し，被合併法人Ｂ社の事業と同一事業であることから「関連」を○で囲みます。

- 「関連事業」（9欄）は，提出する法人が合併法人の場合には，その合併に係る被合併法人のその合併前に行っていた主要な事業で「組織再編成前の主要な事業等」（8欄）に記載した事業と関連するものを記載します。なお，被合併法人が提出する確定申告書に添付する場合には，その合併に係る合併法人のその合併前に行っていた事業で「組織再編成前の主要な事業等」（8欄）に記載した事業と関連するものを記載します。

- 本ケースでは被合併法人Ｂ社の事業であり，合併法人Ａ社の事業と関連（本ケースにおいては同じ事業）する「飲食業」と記載します。

⑧　第10欄～第12欄

支配関係が生じてから5年を超えているグループ内合併では重要性が乏しいため，詳細な解説は省略します（あえて記載しない事案も存在します）。

組織再編成に係る主要な事項の明細書		事業年度	X 8・4・1 X 9・3・31	法人名	A	付表

提出対象法人の区分、組織再編成の態様及び組織再編成の日	1	区　分	態　様	組織再編成の日
		被合併法人・合併法人・分割法人・分割承継法人・被現物出資法人（株式交付以外）・被現物出資法人（株式交付以外）・株式交付親会社・現物分配法人・被現物分配法人（適格現物分配）・株式交換完全親法人・株式交換完全子法人・株式移転完全親法人・株式移転完全子法人	合併・分割型分割（単独新設分割型分割以外）・単独新設分割型分割・分社型分割・中間型分割・現物出資（株式交付以外）・株式交付・現物分配（株式分配以外）・株式分配・株式交換・株式移転	8・10・1

相手方の区分、名称及び所在地	2	区　分	名　称	所　在　地
		合併法人・被合併法人・分割承継法人・分割法人・被現物出資法人・現物出資法人（株式交付以外）・株式交付子会社・被現物分配法人・現物分配法人・株式交換完全子法人・株式交換完全親法人・株式移転完全子法人・株式移転完全親法人	B	東京都（以下、本記載例においては省略）

移転した（又は交付した）資産又は負債の明細	3	資産・負債の種類	価　額　等	株式交付にあっては左の算定根拠

移転を受けた資産又は負債の明細	4	資産・負債の種類	価　額　等	

適　格　判　定　に　係　る　主　要　な　事　項				

適　格　区　分	5	適　格　（法第2条第十二号の八該当） その他		

株式保有関係	6	令第4条の3第3項第1号該当	株式の保有割合	組織再編成前	組織再編成後
			直接保有	80　%	%
			間接保有	%	%

従業者の数	7	組織再編成前	組織再編成後
		300　人	300　人

組織再編成前の主要事業等	8	飲食業 （継続・関連）		

関　連　事　業	9	飲食業		

事　業　規　模	10	指　標	左の指標による規模の比較
		売上金額・資本金の額又は出資金の額・従業者の数・その他（　　　）	

特定役員等の役職名及び氏名	11	組織再編成前の役職名	組織再編成後の役職名	氏　名

支配株主の株式の保有状況	12	氏名又は名称	旧株数	新株継続保有見込の有無
			株	有・無
				有・無
				有・無
		（合計）	株	
		被合併法人等の発行済株式等の数	株	

11　届出書の提出

　合併を行った場合には，遅滞なく「異動届出書」や被合併法人が消費税の課税事業者であった場合には「合併による法人の消滅届出書」などを提出する必要があります。

　さらに，被合併法人で提出した届出書の効力を引き継ぐことができないため，合併法人において新たに届出書を出す必要があります。

　例えば，「棚卸資産の評価方法の届出書」，「減価償却資産の償却方法の届出書」などは，合併法人が被合併法人と同様の届出書を提出していない限り，再提出が求められます。

　また，従業員が移転するため，源泉所得税，社会保険，労働保険に関する諸手続きも必要になります。

　例えば，源泉所得税については「給与支払事務所等の開設・移転・廃止届出書」の提出が必要になります。さらに，合併法人が「納期の特例の承認に関する届出書」を提出していた場合において，合併を行った結果，合併法人の従業員が10人以上になったときは，「源泉所得税の納期の特例の要件に該当しなくなったことの届出書」の提出も必要になります。

第2章 会社分割は「グループ内」「5年超」を理解する

 本章のポイント

- グループ内再編，事業承継のために会社分割を利用した場合には，適格分割に該当しやすくなります。
- M＆A，事業再生のために会社分割を利用した場合には，非適格分割に該当しやすくなります。
- 非適格分割型分割はほとんど行われていません。
- 非適格分社型分割の法人税法上の処理は事業譲受と変わりません。

1 会社分割とは

　会社分割には，吸収分割と新設分割の2つがあります。

　吸収分割とは，株式会社または合同会社がその事業に関して有する権利義務の全部または一部を分割後他の会社に承継させることをいい（会社法2二十九），新設分割とは，一または二以上の株式会社または合同会社がその事業に関して有する権利義務の全部または一部を分割により設立する会社に承継させることをいいます（会社法2三十）。

　実務上，合併と異なり，吸収分割だけでなく，新設分割も行われているため，本章では，吸収分割と新設分割の両方について解説を行います。

　また，会社分割の結果，分割法人から分割承継法人に事業を移転し，分割法人が対価として分割承継法人株式を取得します。

　この場合，分割の直後に分割法人が分割承継法人株式を現物分配（現物配当）し，分割法人の株主が分割承継法人株式を取得することもできます（会社法758八，763①十二）。

　その結果，分割法人の株主が，分割法人株式と分割承継法人株式の両方を保有するため，分割法人と分割承継法人が兄弟会社になります。法人税法上，このような会社分割を分割型分割といい，現物分配を行わない会社分割を分社型分割といいます（法法2十二の九，十）。

　なお，分割型分割に伴う現物分配は，配当原資の規制を受けないこととされています（会社法792二）。

　以上を整理すると，会社分割は，以下の4つの手法に大別されます。

---

①　新設分社型分割
②　新設分割型分割
③　吸収分社型分割
④　吸収分割型分割

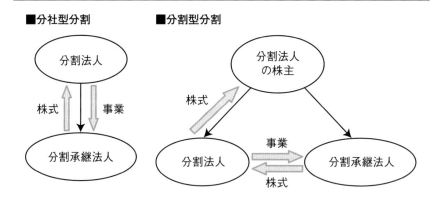

■分社型分割　　　■分割型分割

　なお，会社法上の手続きは，細かな内容を除き，合併と大きく変わりません。具体的には，

①　分割契約書の締結（または分割計画書の作成）
②　株主総会の特別決議による承認

③　事前開示及び事後開示

④　債権者保護手続き

⑤　登記手続き

がそれぞれ必要になります。

このうち，①については，吸収分割において作成するものが「分割契約書」であり，新設分割において作成するものが「分割計画書」であるという違いがあります。

そして，分社型分割を行う場合には，分割前の分割法人の債権者に対する債権者保護手続きは，分割法人に対して債務の履行を請求することができない債権者に限定されています（会社法789①二，810①二）。

すなわち，新設分社型分割を行った場合には，分割前の分割承継法人の債権者が存在しないことから，分割前の分割法人の債権者に「分割法人に対して，債務の履行を請求することができない債権者」が存在しなければ，債権者保護手続きは不要になります。

そのため，①分割承継法人に対して何ら債務を移転させない場合，②分割承継法人に移転する債務を重畳的債務引受けにより分割法人に対しても債権者が請求できるようにする場合には，債権者保護手続きが不要になります。

これに対し，分割型分割を行う場合には，分割前の分割法人の債権者のすべてに対して債権者保護手続きが必要になります。そして，吸収分社型分割または吸収分割型分割を行う場合には，分割法人から分割承継法人に引き継がれる債権者だけでなく，分割前の分割承継法人の債権者に対しても債権者保護手続きが必要になります（会社法799①二）。そのため，債権者保護手続きを完全に省略することができるのは新設分社型分割の場合のみであるという点に留意が必要です。

さらに，会社分割の場合には，分割事業に従事していた労働者を分割承継法人に移転させることが原則であるため，労働者保護の観点から，「会社分割に伴う労働契約の承継等に関する法律」が定められています。

**用語
解説**

> **分割法人**
>
> 　分割によりその有する資産または負債の移転を行った法人をいいます（法法2十二の二）。なお，会社法上の条文では吸収分割会社，新設分割会社と表記されています（会社法758一，763①五）。
>
> **分割承継法人**
>
> 　分割により分割法人から資産または負債の移転を受けた法人をいいます（法法2十二の三）。なお，会社法上の条文では吸収分割承継会社，新設分割設立会社と表記されています（会社法757，763①柱書）。

2 会社分割はグループ内再編だけ理解しよう

(1) 適格分割になる場合の類型

　会社分割を行った場合にも，適格分割と非適格分割の2つに整理されます。

　このうち，適格分割に該当した場合には，分割法人の資産または負債を分割承継法人に税務上の帳簿価額で移転（引継ぎまたは譲渡）し（法法62の2②，62の3①），非適格分割に該当した場合には，分割法人の資産または負債を分割承継法人に時価で譲渡します（法法62①）。

　なお，適格合併と異なり，適格分割に該当したとしても，分割法人の繰越欠損金を分割承継法人に引き継ぐことはできません。

　ここでいう適格分割とは税制適格要件を満たす会社分割をいい，非適格分割とは税制適格要件を満たさない会社分割をいいます。会社分割を行った場合の税制適格要件は，以下のとおりです（法法2十二の十一，法令4の3⑤〜⑧）。

　　① グループ内の適格分割
- 完全支配関係での適格分割（100％グループ内の適格分割）
- 支配関係での適格分割（50％超100％未満グループ内の適格分割）

②　グループ外の適格分割（共同事業を行うための適格分割）

■税制適格要件

完全支配関係	支配関係	共同事業
(イ)　金銭等不交付要件 (ロ)　按分型要件（分割型分割のみ）	(イ)　金銭等不交付要件 (ロ)　按分型要件（分割型分割のみ） (ハ)　主要資産等引継要件 (ニ)　従業者引継要件 (ホ)　事業継続要件	(イ)　金銭等不交付要件 (ロ)　按分型要件（分割型分割のみ） (ハ)　主要資産等引継要件 (ニ)　従業者引継要件 (ホ)　事業継続要件 (ヘ)　事業関連性要件 (ト)　事業規模要件または特定役員引継要件 (チ)　株式継続保有要件

※　平成29年度税制改正によりスピンオフ税制が導入され，単独新設分割型分割や100％子会社株式を対象とした現物分配等に対しても，一定の要件を満たした場合には，税制適格要件を満たすことができるようになりました。

　しかし，スピンオフ税制は，他の者による支配関係がないことを前提としていることから，非上場会社で適用されることは稀であり，実務上，上場会社がbad事業を切り離す場合にのみ利用されることが予想されます。このようなニーズがあることは否定しませんが，上場会社であっても，スピンオフ税制を利用して，bad事業を切り離すことはそれほど多くはないと思われます。そのため，実際には，スピンオフ税制が利用されることはほとんどないと思われます。

　第1章で解説したように，完全支配関係，支配関係が成立しているか否かの判定は，株主が個人である場合には，当該個人が保有する株式のほか，「特殊の関係のある個人」が保有する株式を合算して判定します（法令4の2）。

　そして，会社分割の前に，完全支配関係，支配関係があるだけでなく，会社分割の後も，完全支配関係，支配関係が継続することが見込まれている必要があります。そのため，グループ内再編や事業承継のために会社分割を利用する場合に，適格分割になりやすいといえます。

　なお，第1章で解説したように，事業承継のために会社分割を利用する場合には，分割後に分割承継法人株式を親族に譲渡することが考えられます。この

ような分割承継法人株式の譲渡を行うことが見込まれたとしても，親族が保有する株式を含めたうえで完全支配関係，支配関係の判定をそれぞれ行うため，税制適格要件に抵触しません。

■適格分割型分割

ステップ1　新設分割型分割

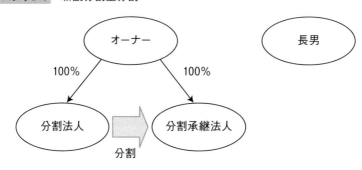

ステップ2　分割承継法人株式の譲渡

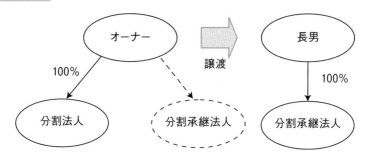

Point!

☑　グループ内再編，事業承継のために会社分割を利用した場合には，適格分割に該当しやすい。

⑵　**非適格分割になる場合の類型**

　前述のように，グループ内の会社分割に該当するためには，会社分割の前に完全支配関係，支配関係があるだけでなく，会社分割の後に完全支配関係，支配関係が継続することが見込まれている必要があります。

　まず，M&Aのために会社分割を用いる場合は，分社型分割を行った後に，分割承継法人株式を外部に譲渡する方法が用いられます。

　そのため，分社型分割の後に完全支配関係，支配関係が継続することが見込まれていないことから，グループ内の会社分割に該当しません。

　そして，分割承継法人株式を譲渡することが見込まれていることから，共同事業を行うための適格分割の要件の1つである株式継続保有要件を満たすこともできません（分社型分割を行った場合において，株式継続保有要件を満たすためには，分割により交付を受けた分割承継法人株式が継続して保有されることが見込まれていることが必要になります（法令4の3⑧六））。

　したがって，このような会社分割は非適格分割に該当します。

■M&Aのための会社分割

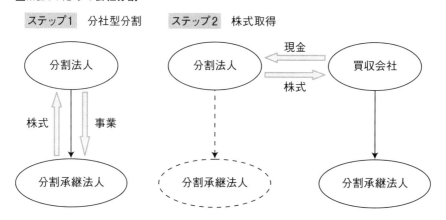

※　会社分割により認可や免許を引き継げない場合には，ペーパー会社を設立し，認可を取得させてから吸収分割を選択する方法もあります。なお，会社分割によ

りこれらを引き継ぐことができるか否かは主務官庁により取扱いが異なるため，事前に確認する必要があります。

　次に，事業再生のために会社分割を用いる場合には，分社型分割を行い，分割承継法人株式をスポンサーに譲渡した後に，分割法人を解散することにより，債権者からの借入金をカットする方法が用いられます。

　すなわち，分割法人が解散することが見込まれていることから，分割法人と分割承継法人との間の完全支配関係，支配関係が継続することが見込まれているとはいえません。

　さらに，共同事業を行うための適格分割の要件の1つである株式継続保有要件を満たすこともできません。

　このように，M&Aや事業再生のために会社分割を利用する場合に非適格分割になりやすいといえます。

　なお，法人税法上，共同事業を行うための適格分割についても規定されていますが，実務上，合弁会社の設立のように，極めて限られた場合にのみ利用されているため，本章では解説を省略します。

　※　平成29年度税制改正により，グループ内の分割型分割に該当するためには，支配株主と分割承継法人との間の支配関係のみが継続すればよく，分割法人との間の支配関係の継続は要求されないことになりました。
　　　この結果，分割型分割を行った後に，分割法人株式を譲渡したとしても，支配株主と分割承継法人の支配関係が継続していれば，適格分割型分割に該当することができることになりました。そのため，M&Aや事業再生のために分割型分割を行う場合であっても，適格分割型分割に該当する場合はあり得ると思われます。

Point!

☑　M&A，事業再生のために会社分割を利用した場合には，非適格分割に該当しやすい。

(3)　支配関係での適格分割の要件を理解しよう

　前述のように，支配関係での適格分割の要件を満たす場合には，(イ)金銭等不交付要件，(ロ)按分型要件（分割型分割のみ），(ハ)主要資産等引継要件，(ニ)従業者引継要件，(ホ)事業継続要件を満たす必要があります。

　このうち，金銭等不交付要件は分割承継法人株式のみを交付する会社分割を行えば満たすことができます。そして，按分型要件は分割型分割を行った場合に分割法人の株主が有する分割法人株式の数の割合に応じて交付されることが要件とされていますが，これに該当しない分割型分割を行うこと自体が稀であるといえます。

　そのため，本章では，(ハ)主要資産等引継要件，(ニ)従業者引継要件，(ホ)事業継続要件のみについて解説を行います。

　なお，これらの要件は，事業単位の移転を想定したものであるといわれています（朝長英樹ほか『企業組織再編成に係る税制についての講演禄集』（日本租税研究会協会，平成13年）39頁）。すなわち，吸収合併と異なり，分割法人で行われている事業の一部を移転することもあり得るため，分割承継法人に移転したものが，(ハ)主要資産等引継要件，(ニ)従業者引継要件，(ホ)事業継続要件を満たしているかどうかを検討する必要があります。

(ハ)　主要資産等引継要件

　「主要資産等引継要件」を満たすためには，会社分割により分割事業に係る主要な資産及び負債が分割承継法人に移転している必要があります（法法2十二の十一ロ(1)）。この場合における「分割事業」とは，分割法人の分割前に行う事業のうち，当該分割により分割承継法人において行われることとなるものをいいます。

　また，「主要な資産及び負債」とは，業種・業態によりそれぞれ異なることから一律に判定できませんが，一般的には，分割法人が分割事業を営む上での当該資産及び負債の重要性のほか，当該資産及び負債の種類，規模，事業再編

計画の内容等を総合的に勘案して判定するものとされています（法基通1－4－8）。

　具体的には，製造業における工場の土地・建物，製造設備，貸金業における貸付金，借入金，不動産賃貸業における賃貸用不動産，預かり敷金・保証金，飲食業における店舗，店舗設備等のように，当該事業を営む上で必要不可欠な資産及び負債が挙げられます。また，業種によっては知的財産権が含まれるような場合も考えられます。

　ただし，分割法人から分割承継法人に対して主要な資産を賃貸するような場合には，「主要な資産」が移転しているものとは考えられないため，「主要資産等引継要件」を満たさないと考えられます（ただし，借地権の設定については，土地の部分的譲渡として，主要資産等引継要件に抵触しないと考えられます（法基通1－4－11））。

　これに対して，売掛金，買掛金のような営業債権及び債務は，実務上，分割時の残高を確定することが困難なことや，分割事業に係るものとそれ以外の事業に係るものを明確に区分できないことが多いことから，分割前に発生した売掛金，買掛金を分割承継法人に移転させずに，分割法人において回収・支払をすることもあります。

　このような場合に，主要資産等引継要件を満たすかどうかが問題になりますが，売掛金，買掛金のように流動性が高く，かつ，分割承継法人に移転しなくても，分割承継法人での分割事業の継続に何ら支障がないような資産及び負債については，「主要な資産及び負債」に含める必要がないことから，主要資産等引継要件に抵触しないと考えられます（阿部泰久・山本守之「企業組織再編税制の基本的考え方と実務検討」税務弘報49巻6号30頁（平成13年））。

Point!
☑　主要な資産及び負債には，事業を営む上で必要不可欠な資産及び負債が含まれます。

㈡　従業者引継要件

　従業者引継要件を満たすためには，分割の直前の分割事業に係る従業者のうち，その総数のおおむね100分の80以上に相当する数の者が，分割後に分割承継法人の業務に従事することが見込まれていることが必要とされています（法法２十二の十一ロ⑵）。

　この場合の「従業者」とは，「従業員」とは異なり，「分割の直前において分割事業に現に従事する者」として定義されています（法基通１－４－４）。そのため，従業員だけでなく，取締役，監査役，執行役，出向受入社員，派遣社員，アルバイトやパートタイムで働いている者などが含まれます。

　この点については，第１章で解説した合併における従業者引継要件と変わりません。ただし，会社分割の場合には，分割法人から分割承継法人に従業員が出向することがあります。このような場合であっても，従業者の判定は出向先でカウントするため，従業者引継要件を満たすことができると考えられます（法基通１－４－10）。

　さらに，合併と異なる点として，引き継ぐべき従業者の範囲が挙げられます。

　なぜなら，合併の場合には，被合併法人の合併の直前の従業者全体のおおむね100分の80以上に相当する数の者を合併法人に引き継いでいるか否かによって，「従業者引継要件」を満たすか否かを判定します。

　これに対し，会社分割の場合には，分割の直前の分割事業に従事している従業者のおおむね100分の80以上に相当する数の者を分割承継法人に引き継いでいるか否かによって「従業者引継要件」を満たすか否かを判定します。このように，会社分割の場合には，分割事業に従事しない従業者を引き継ぐ必要がないという点で，合併と大きく異なります。

　この場合，分割事業とその他の事業のいずれにも従事している者については，主として当該分割事業に従事しているかどうかにより判定します（法基通１－４－４（注３））。

　しかし，法人税法上，「主として当該分割事業に従事している」をどのように判定するかは明らかにされていません。そのため，実務上，「会社分割に伴

う労働契約の承継等に関する法律（労働承継法）」の指針である「分割会社及び承継会社等が講ずべき当該分割会社が締結している労働契約及び労働協約の承継に関する措置の適切な実施を図るための指針（労働省告示第127号）」を参考にすることが一般的です。

具体的には以下のとおりです。

①　分割事業に専ら従事する労働者は，分割承継法人に移転させるべき労働者に該当します。

②　分割事業以外の事業にも従事している場合は，それぞれの事業に従事する時間，それぞれの事業における当該労働者の果たしている役割等を総合的に判断して当該労働者が分割事業に主として従事しているか否かを判定し，分割事業に主として従事していると判定された場合には分割承継法人に移転させるべき労働者に該当します。

③　総務，人事，経理などのいわゆる間接部門に従事する労働者であって，分割事業に専ら従事している労働者は，①と同様に判定します。

また，労働者が，承継される事業以外の事業のためにも従事している場合は，上記②と同様に判定します。

労働者が，いずれの事業のために従事するのかの区別なくしていわゆる間接部門に従事している場合で，②によって判定することができないときは，特段の事情のない限り，当該判断することができない労働者を除いた労働者のうち，過半数の労働者が分割承継法人に移転される場合に限り，分割承継法人に移転させるべき労働者に該当します。

> **Point!**
> ☑　分割事業とその他の事業のいずれにも従事している従業者については，主として当該分割事業に従事しているかどうかにより判定します。

㊧　事業継続要件

事業継続要件を満たすためには，分割に係る分割事業が分割後に分割承継法

人において引き続き行われることが見込まれている必要があります（法法2十二の十一ロ(3)）。

　なお，分割事業とは，分割法人の分割前に行う事業のうち，分割により分割承継法人において行われることとなる事業をいいます（法法2十二の十一ロ(1)）。

　そのため，分割承継法人に引き継いだ事業を廃止することが見込まれている場合には，事業継続要件を満たすことができません。

　さらに，実務上，問題となりやすい論点として，分割により移転するものが「事業」といえるかどうかが挙げられます。なぜなら，事業が移転していないと判断された場合には，事業継続要件を満たすことができないからです。

　この点については，第1章で解説した合併と同様に，固定施設，従業者及び売上の三要素で判定することが一般的です。

(4)　非適格分社型分割は事業譲渡と変わらない

　法人税法上，非適格分社型分割を行った場合には，資産または負債が時価で分割承継法人に移転します。そのため，法人税法上の処理は事業譲渡と変わらないため，第6章をご参照ください。なお，流通税については，事業譲渡と異なるため，「**6**　その他諸税」をご参照ください。

(5)　非適格分割型分割はほとんど行われていない

　会社法上，非適格分割型分割を行った場合には，分割法人の資産または負債が分割承継法人に対して時価で譲渡され，対価として分割承継法人株式を取得し，ただちに分割承継法人株式が分割法人の株主に対して交付されます。

　そのため，非適格合併を行った場合と同様に，非適格分割型分割を行った場合にはみなし配当課税が分割法人の株主において生じます（法法24①二，所法25①二）。これに対し，適格分割型分割を行った場合にはみなし配当課税は生じません。

　このように，株主課税の問題があることから，実務上，非適格分割型分割はほとんど行われていません。

⑹　適格分割の税務処理を理解しよう

①　適格分社型分割

　適格分社型分割を行った場合には，分割法人の資産または負債を適格分社型分割の直前の税務上の帳簿価額で分割承継法人に移転します（法法62の3①，法令123の4）。

　そのため，分割法人が交付を受けた分割承継法人株式の取得価額は，適格分社型分割の直前の移転資産の税務上の帳簿価額から移転負債の税務上の帳簿価額を減算した金額に付随費用を加算した金額になります（法令119①七）。

　具体的には，以下の仕訳を行います。

【分割法人】

（分割承継法人株式）	×××　（資 産）	×××
（負　　　　　債）	×××	

【分割承継法人】

（資　　　産）	×××　（負 債）	×××
	（資本金等の額）	×××

②　適格分割型分割

　分割型分割を行った場合には，分割法人の資産または負債が分割承継法人に移転するだけでなく，分割法人の株主の処理も必要になります。

　そして，適格分割型分割に該当した場合には，分割法人の株主では，分割法人株式の税務上の帳簿価額の一部を分割承継法人株式の税務上の帳簿価額に付け替えるだけで，みなし配当課税，株式譲渡損益課税は生じません（法法24①二，61の2④，所法25①二，措法37の10③二）。

【分割法人】

イ．資産または負債の引継ぎ

　（分割承継法人株式）　　×××　　（資　　　　　産）　　×××
　（負　　　　　債）　　×××

ロ．分割対価資産の交付

　（資本金等の額）　　×××　　（分割承継法人株式）　　×××
　（利益積立金額）　　×××

【分割承継法人】

　（資　　　　　産）　　×××　　（負　　　　　債）　　×××
　　　　　　　　　　　　　　　　　（資本金等の額）　　×××
　　　　　　　　　　　　　　　　　（利益積立金額）　　×××

【分割法人の株主】

　（分割承継法人株式）　　×××　　（分割法人株式）　　×××

■分割承継法人株式に付け替える部分の計算（法令119①六，119の8①，23①二，所令113①，61②二）

> 分割承継法人株式の取得価額 $= A \times \dfrac{B}{C}$
>
> 　A＝分割型分割の直前における分割法人株式の帳簿価額
>
> 　B＝分割型分割の直前における分割事業の簿価純資産価額（零が下限になります）
>
> 　C＝前期期末時における分割法人の簿価純資産価額（当該前期期末時から当該分割型分割の直前の時までの間に資本金等の額または利益積立金額（法人税法施行令9条1項1号に掲げる金額を除きます）が増加しまたは減少した場合にはその増減後の金額）
>
> 　（注1）　「前期期末時における分割法人の簿価純資産価額」とは，分割法人の分割型分割の日の属する事業年度の前事業年度終了の時の簿価純資産価額をいいますが，分割型分割の日以前6か月以内に仮決算による中間申告書を提出し，かつ，その提出の日から分割型分割の日までの間

に確定申告書を提出していなかった場合には，中間申告書に係る期間（事業年度開始の日以後6か月の期間）終了の時の簿価純資産価額をいいます。

(注2)　$\dfrac{B}{C}$（分割移転割合）は小数点以下第3位未満の端数を切り上げて計算します。

(注3)　特殊な事例

実務上，稀であると思われますが，以下に掲げるものについては，以下の計算方法に従って処理します。

(i)　分割法人の分割型分割の直前の資本金等の額が零以下である場合には，分割移転割合は零とします。

(ii)　分割法人の分割型分割の直前の資本金等の額及び分子の金額が零を超え，かつ，分母の金額が零以下である場合には，分割移転割合は1とします。

(iii)　分割移転割合が1を超えるときは，分割移転割合を1とします。

③ ほとんどの適格分割では繰越欠損金，特定資産譲渡等損失の制限は生じない

第1章で解説した適格合併と同様に，支配関係が生じてから5年以内に適格分割を行った場合には，繰越欠損金の使用制限，特定資産譲渡等損失の損金不算入が適用されます。

なお，会社分割の場合には，もともと適格分割であっても，繰越欠損金を引き継ぐことはできないため，ここで制限を受けるのは分割承継法人が分割前に有していた繰越欠損金になります。

ただし，第1章で解説したように，M&Aがいくら活発になったとはいっても，全体の企業数から見れば，圧倒的に少数派です。すなわち，M&Aを行ってから5年以内の適格分割（支配関係が生じてから5年以内の適格分割）はほとんど行われていません。そのため，ほとんどの適格分割は支配関係が生じてから5年を超えていることから，繰越欠損金の使用制限，特定資産譲渡等損失

の損金不算入は適用されないといえます。

4 　実務上の留意事項

(1)　適格分割における留意事項

　適格分割においても，適格合併と同様に，「第1章 5 (3)　新設法人との合併，(5)　中古耐用年数，(7)　債権債務の帳簿価額が異なる場合，(9)　海外に子会社や支店を有している場合」について留意が必要になります。

　とりわけ，海外に子会社や支店を有している場合には，合併と異なり，会社分割の法制度がない国もあります。このような会社分割の法制度がない国では，会社分割ではなく，単なる資産の譲渡と同様に取り扱われることもあります。その結果，海外において課税関係が生じることもあるため，留意が必要です。

(2)　減価償却資産の期中損金経理

　適格分割を行った場合には，分割法人の資産または負債を税務上の帳簿価額で分割承継法人に移転します。この場合，どの時点の帳簿価額なのかという点が重要になります。

　例えば，3月決算法人が×3年10月1日に会社分割を行った場合には，減価償却費が計上されるべきは3月であるため，×3年4月1日から×3年9月30日までの減価償却費を×3年9月30日時点で計上することはできません。

　なぜなら，法人税法上，減価償却費の損金算入には損金経理要件があり（法法31①），確定した決算において費用計上している必要があるのに対し，期首分割を除き，会社分割の時点では分割法人において確定した決算が行われていないため，移転対象となる減価償却資産について分割法人において減価償却費を損金経理することができないからです。そのため，×3年3月31日時点の帳簿価額で引き継ぐことが原則になります。

　しかし，それでは分割法人の課税所得の計算に不都合が生じてしまうため，

適 格 分 割 等 に よ る
期 中 損 金 経 理 額 等
の 損 金 算 入 に 関 す る 届 出 書

※整理番号	
※親グループ整理番号	

税務署受付印	提出法人 □□ 単体法人 連結親法人	納 税 地	〒　　　　　　電話(　　)　　－
		（フリガナ）	
令和　年　月　日		法 人 名 等	
		法 人 番 号	
		（フリガナ）	
		代 表 者 氏 名	
		代 表 者 住 所	〒
税務署長殿		事 業 種 目	業

連結子法人（届出の対象が連結子法人である場合に限り記載）	（フリガナ） 法 人 名 等		※税務署処理欄	整理番号	
	本店又は主たる事務所の所在地	〒　　　　（　局署） 電話(　　)　　－		部 門	
				決算期	
	（フリガナ） 代 表 者 氏 名			業種番号	
	代 表 者 住 所	〒		整理簿	
	事 業 種 目	業		回付先	□ 親署 ⇒ 子署 □ 子署 ⇒ 調査課

適格分割等による期中損金経理額等の損金算入について

法 人 税 法　　第　条第　項、第　条第　項、第　条第　項、第　条第　項、第　条第　項
　　　　　　　　第　条第　項、第　条第　項、第　条第　項、第　条第　項、第　条第　項
　　　　　　　　第　条第　項、第　条第　項、第　条第　項、第　条第　項、第　条第　項
法人税法施行令　第　条の　第　項、第　条の　第　項
租税特別措置法　第　条の　第　項、第　条の　第　項、第　条の　第　項、第　条の　第　項
　　　　　　　　第　条の　第　項、第　条の　第　項、第　条の　第　項、第　条の　第　項
　　　附則　　　第　条第　項

の規定により下記のとおり届け出ます。

記

適格分割等に 係る分割承継法人等	法 人 名 等	
	納 税 地	
	代 表 者 氏 名	

適 格 分 割 等 の 日	年　　　月　　　日
添 付 書 類	

（その他要記載事項）

（その他参考となるべき事項）

（規格Ａ４）

税 理 士 署 名	

※税務署処理欄	部門	決算期	業種番号	番号	整理簿	備考	通信日付印	年　月　日	確認

03. 06 改正

「期中損金経理」の制度が認められています。

　具体的には，適格分割の日以後2か月以内に「適格分割等による期中損金経理額等の損金算入に関する届出書」を提出することにより，×3年4月1日から×3年9月30日までの減価償却費を分割法人で計上することが認められています（法法31③，法規21の2）。これは，一括償却資産，繰延資産及び繰延消費税額についても同様です（法法32③，法令133の2③，139の4⑧，法規21の3，27の17，28の2）。

⑤ 分割の日が祝祭日である場合

　会社法上，吸収分割を行った場合には分割契約書に定めた日が分割の日となり（会社法758七，759①），新設分割を行った場合には設立登記の日が分割の日となり（会社法764①，49），法人税法上も同様の取扱いになります（法基通1-4-1）。

　しかし，新設分割を予定した日が祝祭日である場合には，その日に設立登記を行うことができません。そのため，一般的には，その翌日に設立登記が行われます。

　例えば，3月決算法人が4月1日を分割の日と予定したものの，4月1日が日曜日である場合には，4月2日に設立登記が行われるため，法人税法上，4月2日を分割の日として取り扱わざるを得ないという問題が生じます。

　この点について，国税庁のHPで「新設合併等の登記が遅れた場合の取扱いについて」が公表されており，以下の要件を満たす適格分割については，登記ができなかった数日間の損益について，分割承継法人に帰属するものとして確定申告書を提出することができると思われます。

> ①　分割期日が行政機関の休日に関する法律1条に規定する休日に当たるため，その休日後の最初に執務が行われた日に新設分割の登記申請がされたこと

② 当該新設分割に係る分割法人の分割の日の前日を含む事業年度の損益については，各分割法人において分割承継法人に帰属する旨の合意がなされ，その旨を記載した書類の写しを各分割法人の当該事業年度の確定申告書に添付すること

③ 当該新設分割が非適格分割に該当しないものであること

　これに対し，3月決算法人が8月1日に新設分割を行おうとしたところ，8月1日が行政機関の休日であったため，8月2日に登記をした場合において，8月1日を分割の日として取り扱うことができるかが問題になります。この点については，1日間または2日間の決算にはならないため，森秀文「組織再編税制適用上の留意点」租税研究702号60頁（平成20年）において否定的に解されています。

　なお，吸収分割の場合には，分割契約書に定めた日が分割の日となるため，このような問題は生じません。

　※　「新設合併等の登記が遅れた場合の取扱いについて」では，新設合併及び新設分割型分割について記載されているものの，新設分社型分割については記載されていません。そのため，3月決算法人が4月1日に新設分社型分割を行おうとしたところ，4月1日が行政機関の休日であったことから，4月2日に登記をした場合には，4月1日を分割の日として取り扱うことができないという考え方もあり得ます。さらに，「新設合併等の登記が遅れた場合の取扱いについて」が公表された時点では，分割型分割を行った場合にみなし事業年度を設ける必要があったのに対し，現行法上は，みなし事業年度を設ける必要がないことから，新設分割型分割を行った場合にも，4月1日を分割の日として取り扱うことができないという考え方もあり得ます。

　　実務上は，新設分割型分割または新設分社型分割を行った場合において，4月1日が行政機関の休日であるときは，「新設合併等の登記が遅れた場合の取扱いについて」を準用し，4月1日を分割の日として取り扱っている事案も少なくないため，今後，国税庁からの正式見解の公表が期待されます。

6　その他諸税

(1)　住民税均等割，事業税資本割

①　増加する資本金等の額

　適格分社型分割であっても，非適格分社型分割であっても，分割により受け入れた資産の受入価額から負債の受入価額を減算した金額が分割承継法人の資本金等の額の増加額となり（法法2十六，法令8①七），利益積立金額を増加させることはできません。

　これに対し，適格分割型分割の場合には，分割法人の資本金等の額，利益積立金額をプロラタ計算で引き継ぎます（法法2十六，十八，法令8①六，十五，9①三）。適格分割型分割の場合の処理について，以下のケーススタディをご参照ください。

ケーススタディ　適格分割型分割による資本金等の額の変動 ─────

前提条件

①	分割直前における分割事業の簿価純資産価額	200百万円
②	前期期末時における分割法人の簿価純資産価額	1,000百万円
③	分割直前における分割法人の資本金等の額	700百万円
④	前期期末時における分割法人の利益積立金額	300百万円

分割型分割により増減する資本金等の額と利益積立金額

⑴	分割承継法人で増加する資本金等の額	140百万円
⑵	分割承継法人で増加する利益積立金額	60百万円
⑶	分割法人で減少する資本金等の額	140百万円
⑷	分割法人で減少する利益積立金額	60百万円

計算過程

■増減する資本金等の額の計算

$$増減する資本金等の額 = A \times \frac{B}{C} = 700百万円 \times \frac{200百万円}{1,000百万円}$$
$$= 140百万円$$

A ＝分割型分割の直前における分割法人の資本金等の額

B ＝分割型分割の直前における分割事業の簿価純資産価額（零が下限になります）

C ＝前期期末時における分割法人の簿価純資産価額（当該前期期末時から当該分割型分割の直前の時までの間に資本金等の額または利益積立金額（法人税法施行令9条1項1号に掲げる金額を除きます）が増加しましたは減少した場合にはその増減後の金額）

（注1）「前期期末時における分割法人の簿価純資産価額」とは，分割法人の分割型分割の日の属する事業年度の前事業年度終了の時の簿価純資産価額をいいますが，分割型分割の日以前6か月以内に仮決算による中間申告書を提出し，かつ，その提出の日から分割型分割の日までの間に確定申告書を提出していなかった場合には，中間申告書に係る期間（事業年度開始の日以後6か月の期間）終了の時の簿価純資産価額をいいます。

（注2）　$\frac{B}{C}$（分割移転割合）は小数点以下第3位未満の端数を切り上げて計算します。

（注3）　特殊な事例

　　　　実務上，稀であると思われますが，以下に掲げるものについては，以下の計算方法に従って処理します。

　　(i)　分割法人の分割型分割の直前の資本金等の額が零以下である場合には，分割移転割合は零とします。

　　(ii)　分割法人の分割型分割の直前の資本金等の額及び分子の金額が零を超え，かつ，分母の金額が零以下である場合には，分割移転割合は1とします。

　　(iii)　分割移転割合が1を超えるときは，分割移転割合を1とします。

■増減する利益積立金額

分割事業の簿価純資産価額から増減する資本金等の額を減算した金額（200百万円－140百万円＝60百万円）

---

②　実務上の問題点

適格分社型分割を行った場合には，移転する資産及び負債の税務上の簿価純資産価額が分割承継法人における資本金等の額となります。

すなわち，会計上の簿価純資産価額が100であり，税務上の簿価純資産価額が300である場合には，税務上の簿価純資産価額により資本金等の額を計算します。その結果，当初の想定よりも，住民税均等割，事業税資本割が大きくなってしまう場合もあるため，留意が必要です。

【会計上の仕訳】

| （簿 価 純 資 産） | 100 | （その他資本剰余金） | 100 |

【税務上の仕訳】

| （簿 価 純 資 産） | 300 | （資本金等の額） | 300 |

(2)　流通税

会社分割を行った場合には，消費税の課税対象外取引として取り扱われますが，不動産の所有権の移転などの登記が必要になる場合には，通常の資産譲渡と同様に，登録免許税の支払いが必要になります。そして，会社分割についての商業登記も必要になるため，商業登記に対する登録免許税や，分割契約書（または分割計画書）に対する印紙税も必要になります。

さらに，分割承継法人が不動産を取得する場合には，不動産取得税が発生します。ただし，以下の要件を満たす会社分割については，不動産取得税が課税されません（地法73の7二，地令37の14）。

> ①　金銭等不交付要件
> ②　主要資産等引継要件
> ③　従業者引継要件
> ④　事業継続要件
> ⑤　按分型要件（分割型分割の場合のみ）

　不動産取得税の非課税要件は，支配関係での適格分割の要件に似ていますが，完全支配関係での会社分割であっても，上記の要件を満たす必要があるという点に留意が必要です。

7　会計処理

(1)　分社型分割

①　資産超過の場合

　分社型分割を行った場合には，分割承継法人で増加した株主資本の額が資本金，資本準備金及びその他資本剰余金に任意に配分されます（計規37，49）。

【分割受入仕訳】

（資　　　　産）	×××	（負　　　　債）	×××
		（資　本　金）	×××
		（資 本 準 備 金）	×××
		（その他資本剰余金）	×××

②　債務超過の場合

　分割事業が債務超過である場合には，分割法人では分割前に保有している子会社株式の帳簿価額を充て，これを超えることとなったマイナスの金額を「組織再編により生じた株式の特別勘定」等の適切な科目により負債に計上します（計規12）。

　そして，子会社（分割承継法人）では，その他利益剰余金のマイナスとして処理します（計規37②但書，49②但書）。

【分割受入仕訳】

（資　　　　産）	×××	（負　　　　債）	×××
		（その他利益剰余金）	△×××

(2)　分割型分割

　第1章で解説した吸収合併と同様に，①資本金，資本準備金及びその他資本剰余金に任意に配分する方法と②分割法人で減少した資本金，資本準備金，その他資本剰余金，利益準備金及びその他利益剰余金を，分割承継法人の増加額とする方法の2つが認められています（計規38①，50①）。

　このうち，後者を採用した場合には，分割法人において，資本金，法定準備金の減少に対して，それぞれ減資や法定準備金の取崩しの手続きが別途必要になります（計規38③，50②）。

①　資本金，資本準備金及びその他資本剰余金に任意に配分する方法

【分割法人の仕訳】

イ．会社分割

（諸　負　債）	×××	（諸　資　産）	×××
（承継法人株式）	×××		

ロ．現物配当

（その他利益剰余金）	×××	（承継法人株式）	×××

【分割承継法人の仕訳】

（諸　資　産）	×××	（諸　負　債）	×××
		（資　本　金）	×××
		（資本準備金）	×××
		（その他資本剰余金）	×××

② 分割法人で減少した**資本金，資本準備金，その他資本剰余金，利益準備金**
及びその他利益剰余金を分割承継法人の増加額とする方法

【分割法人の仕訳】

イ．会社分割

（諸　負　債）	×××	（諸　資　産）	×××
（承継法人株式）	×××		

ロ．現物配当

（資　本　金）	100	（承継法人株式）	×××
（資本準備金）	100		
（その他資本剰余金）	500		
（利益準備金）	25		
（その他利益剰余金）	1,000		

【分割承継法人の仕訳】

（諸　資　産）	×××	（諸　負　債）	×××
		（資　本　金）	100
		（資本準備金）	100
		（その他資本剰余金）	500
		（利益準備金）	25
		（その他利益剰余金）	1,000

8 会計・税務から見た分割契約書，分割計画書の確認ポイント

　吸収分割の場合には分割契約書，新設分割の場合には分割計画書をそれぞれ
作成する必要があります。これらを作成するときには，会計・税務の観点から
は以下の項目を確認する必要があります。

（i）　税制適格要件を満たす内容になっているのか。

（ii）　分割により交付する対価はどのようになっているのか。

(iii)　純資産の部はどのような処理になっているのか。

(iv)　従業員の処遇はどのようになっているのか。

(v)　移転する資産及び負債の内容はどのようになっているのか。

(vi)　分割後の役員構成はどのようになっているのか。

　このうち，(v)は，主要資産等引継要件の判定のために確認が必要になります。合併と異なり，法人税では支配関係での適格分割の要件，不動産取得税では非課税要件の検討に必要になるからです。

　そして，(ii)と(iii)の具体例は，以下のようになります。

■分割計画書（一部抜粋）

（分割対価の交付及び割当て）

第 2 条　新会社が本件分割に際して発行する株式は，普通株式○○株とし，その全てを当社に割り当て交付する。

（新会社の資本金及び準備金の額）

第 3 条　新会社の資本金及び資本準備金は以下の通りとする。

　1．資本金　　　　　　　10,000,000円

　2．資本準備金　　　　　　　　　0円

9　法人税確定申告書の作成

(1)　分社型分割

　「7　会計処理」で解説したように，分社型分割を行った場合には，分割承継法人で増加した株主資本の額が，資本金，資本準備金及びその他資本剰余金に任意に配分されます。

　具体的には，以下のケーススタディをご参照ください。

ケーススタディ　適格分社型分割

前提条件

(イ)　分割法人から分割承継法人に移転する資産及び負債の内訳

勘定科目	会計上の帳簿価額	税務上の帳簿価額
流動資産	1,000	1,000
土地	300	500
有価証券	200	300
合　計	1,500	1,800

(ロ)　分割法人の利益積立金額

勘定科目	利益積立金額
土地	200
有価証券	100
利益剰余金	500
合　計	800

(ハ)　直前事業年度末における分割承継法人の純資産の部

会計上		税務上	
資本金	500	資本金等の額	500
利益剰余金	1,000	利益積立金額	1,000
合　計	1,500	合　計	1,500

(ニ)　会計上，分割により増加する純資産の部は，すべてその他資本剰余金として処理する。

(ホ)　会計上，資産及び負債を簿価で移転する。

(ヘ)　税務上，適格分社型分割に該当する。

分割法人の仕訳

イ．会計上の仕訳

（承継法人株式）	1,500	（流　動　資　産）	1,000
		（土　　　　　地）	300
		（有　価　証　券）	200

ロ．税務上の仕訳

（承継法人株式）	1,800	（流　動　資　産）	1,000
		（土　　　　　地）	500
		（有　価　証　券）	300

分割承継法人の仕訳

イ．会計上の仕訳

（流　動　資　産）	1,000	（その他資本剰余金）	1,500
（土　　　　　地）	300		
（有　価　証　券）	200		

ロ．税務上の仕訳

（流　動　資　産）	1,000	（資　本　金　等　の　額）	1,800
（土　　　　　地）	500		
（有　価　証　券）	300		

　このように，分割法人では，会計上も税務上も，分割承継法人に移転する資産及び負債の簿価純資産価額がそのまま分割承継法人株式の帳簿価額になります。

　すなわち，分割対象資産及び負債に係る帳簿価額の差異が，そのまま分割承継法人株式の帳簿価額の差異となります。

　さらに，分割承継法人でも，受け入れた簿価純資産価額が異なることから，会計上の資本金，資本準備金及びその他資本剰余金の合計額と，税務上の資本金等の額に差異が生じます。したがって，分割法人と分割承継法人の別表五（一）では，以下の調整が必要になります。

■分割法人の別表五（一）

区　分	期首現在 利益積立金額	当期の増減 減	当期の増減 増	差引翌期首現在 利益積立金額
	①	②	③	④
土地	200	※　200		0
有価証券	100	※　100		0
承継法人株式			※　300	300
繰越損益金	500			500
差引合計額	800	300	300	800

表中見出し: Ⅰ　利益積立金額の計算に関する明細書

■分割承継法人の別表五（一）

区　分	期首現在 利益積立金額	当期の増減 減	当期の増減 増	差引翌期首現在 利益積立金額
	①	②	③	④
土地	※　200			200
有価証券	※　100			100
資本金等の額	※△300			△300
繰越損益金	1,000			1,000
差引合計額	1,000	0	0	1,000

表中見出し: Ⅰ　利益積立金額の計算に関する明細書

※　別表四を通さないために，「※」を付しましたが，別表四を通したとしても，両膨らみになるだけで，最終的な課税所得は変わらないため，別表四を通しても構わないと思います。

Ⅱ　資本金等の額の計算に関する明細書				
区　分	期　首　現　在 資本金等の額	当期の増減		差引翌期首現在 資本金等の額
		減	増	
	①	②	③	④
資本金	500			500
その他資本剰余金			1,500	1,500
利益積立金額			300	300
差引合計額	500		1,800	2,300

(2)　分割型分割

　「**7**　会計処理」で解説したように，分割型分割を行った場合には，①資本金，資本準備金及びその他資本剰余金に任意に配分する方法と，②分割法人で減少した資本金，資本準備金，その他資本剰余金，利益準備金及びその他利益剰余金を分割承継法人の増加額とする方法の2つが認められています。

　このうち，後者の方法を採用した場合には会計処理と税務処理が近くなるため，本書では後者の方法のみを解説します。

ケーススタディ　**適格分割型分割**

前提条件

• 吸収分割により分割承継法人に移転する資産及び負債の帳簿価額

	資　産	負　債	簿価純資産
会計上	1,000	800	200
法人税法上	1,000	750	250

• 分割直前の分割法人の利益積立金残高（申告調整部分）

	分割対象	分割対象外	合計
有価証券評価損	0	20	20
賞与引当金	20	10	30
退職給付引当金	30	20	50
合　計	50	50	100

• 分割法人の純資産の部

会計上		法人税法上	
資本金	100	資本金等の額	200
資本準備金	100		
その他利益剰余金	200	利益積立金額	300
合　計	400	合　計	500

• 分割承継法人で増加する税務上の資本金等の額及び利益積立金額は以下のとおりである。

　資本金等の額の増加額（法令8①六）

　　＝分割法人の資本金等の額×移転純資産／簿価純資産総額

　　＝200×250／500（小数点3位未満切上げ）

　　＝200×0.500

　　＝100

　利益積立金額の増加額（法令9①三）

　　＝移転純資産－増加資本金等の額

　　＝250－100

　　＝150

• 会計上，分割承継法人で，資本金を50，資本準備金を50，その他利益剰余金を100それぞれ増加させる。

• 分割直前の分割承継法人B社の純資産の部

会計上		法人税法上	
資本金	500	資本金等の額	1,000
資本準備金	500		
その他利益剰余金	1,000	利益積立金額	1,000
合　計	2,000	合　計	2,000

申告処理

　分割型分割を行った場合には，分社型分割を行った後に現物配当を行ったものとして会計処理を行います。

【分割法人A社】

イ．分社型分割の仕訳

（諸　　負　　債）	800	（諸　　資　　産）	1,000
（分割承継法人株式）	200		

ロ．現物配当に係る仕訳

（資　　本　　金）	50	（分割承継法人株式）	200
（資　本　準　備　金）	50		
（その他利益剰余金）	100		

【分割承継法人B社】

（諸　　資　　産）	1,000	（諸　　負　　債）	800
		（資　　本　　金）	50
		（資　本　準　備　金）	50
		（その他利益剰余金）	100

　これに対して，法人税法上の仕訳は以下のとおりです。

【分割法人A社】

（諸　負　債）	750	（諸　資　産）	1,000
（分割承継法人株式）	250		
（資 本 金 等 の 額）	100	（分割承継法人株式）	250
（利 益 積 立 金 額）	150		

【分割承継法人B社】

（諸　資　産）	1,000	（諸　負　債）	750
		（資 本 金 等 の 額）	100
		（利 益 積 立 金 額）	150

　このケースでは，会計上の資本金及び資本準備金の増加額と税務上の資本金等の額の増加額を一致させることにより，結果として，資本金等の額の調整が不要になっています。しかし，会計上の資本金及び資本準備金の増加額と税務上の資本金等の額の増加額が異なる場合には，その部分についての申告調整が必要になります。

　そして，このケースでは，会計上の帳簿価額と税務上の帳簿価額に違いが生じているため，分割法人の「Ⅰ．利益積立金額の計算に関する明細書」では，減少欄に「※」を付して記入し，分割承継法人の「Ⅰ．利益積立金額の計算に関する明細書」では増加欄に「※」を付して，申告調整項目を引き継ぐ必要があります。「※」を付す理由は，分割型分割による利益積立金額の増減は，別表四では調整の対象にならないため，他の調整項目との違いを明らかにするためです。

分割法人の確定申告書

■別表五（一）

I　利益積立金額の計算に関する明細書				
区　分	期　首　現　在 利益積立金額	当期の増減		差引翌期首現在 利益積立金額
		減	増	
	①	②	③	④
有価証券	20			20
賞与引当金	30	※　20		10
退職給付引当金	50	※　30		20
繰越損益金	200	200	100	100
納税充当金				0
未納法人税				0
未納道府県民税				0
未納市町村民税				0
差引合計額	300	250	100	150

II　資本金等の額の計算に関する明細書				
区　分	期　首　現　在 資本金等の額	当期の増減		差引翌期首現在 資本金等の額
		減	増	
	①	②	③	④
資本金	100	50		50
資本準備金	100	50		50
差引合計額	200	100		100

分割承継法人（B社）の確定申告書

■別表五（一）

<table>
<tr><th colspan="5">Ⅰ　利益積立金額の計算に関する明細書</th></tr>
<tr><th rowspan="2">区　分</th><th rowspan="2">期　首　現　在
利益積立金額</th><th colspan="2">当期の増減</th><th rowspan="2">差引翌期首現在
利益積立金額</th></tr>
<tr><th>減</th><th>増</th></tr>
<tr><td></td><td>①</td><td>②</td><td>③</td><td>④</td></tr>
<tr><td>賞与引当金</td><td></td><td></td><td>※　　20</td><td>20</td></tr>
<tr><td>退職給付引当金</td><td></td><td></td><td>※　　30</td><td>30</td></tr>
<tr><td>繰越損益金</td><td>1,000</td><td>1,000</td><td>1,100</td><td>1,100</td></tr>
<tr><td>納税充当金</td><td></td><td></td><td></td><td>0</td></tr>
<tr><td>未納法人税</td><td></td><td></td><td></td><td>0</td></tr>
<tr><td>未納道府県民税</td><td></td><td></td><td></td><td>0</td></tr>
<tr><td>未納市町村民税</td><td></td><td></td><td></td><td>0</td></tr>
<tr><td>差引合計額</td><td>1,000</td><td>1,000</td><td>1,150</td><td>1,150</td></tr>
</table>

<table>
<tr><th colspan="5">Ⅱ　資本金等の額の計算に関する明細書</th></tr>
<tr><th rowspan="2">区　分</th><th rowspan="2">期　首　現　在
資本金等の額</th><th colspan="2">当期の増減</th><th rowspan="2">差引翌期首現在
資本金等の額</th></tr>
<tr><th>減</th><th>増</th></tr>
<tr><td></td><td>①</td><td>②</td><td>③</td><td>④</td></tr>
<tr><td>資本金</td><td>500</td><td></td><td>50</td><td>550</td></tr>
<tr><td>資本準備金</td><td>500</td><td></td><td>50</td><td>550</td></tr>
<tr><td>差引合計額</td><td>1,000</td><td></td><td>100</td><td>1,100</td></tr>
</table>

10　届出書の提出

　第1章で解説した合併と同様に，会社分割を行った場合には，遅滞なく「異動届出書」を提出する必要があります。

　さらに，分割法人で提出した届出書の効力を引き継ぐことができないため，分割承継法人において新たに届出書を提出する必要があります。そのため，新設分割のように，新たに法人を設立する場合には，「法人設立届出書」，「申告期限の延長の特例の申請書」，「青色申告の承認申請書」などをそれぞれ提出する必要があります。

　また，「適格分割等による期中損金経理額等の損金算入に関する届出」や「分割等による試験研究費の額の区分に関する届出」など，多くの届出書の提出期限は「分割等の日以後2月以内」とされています。そのため，申告時に提出すべきことに気づいたものの，すでに提出期限を徒過してしまっているというケースが実務上多く見受けられますので，届出書の提出期限に留意する必要があります。

第3章

現物出資は
ほとんど経験しない

　本章のポイント

- 現物出資は，原則として，検査役調査があることから，ほとんど行われていません。
- 個人から法人への現物出資はすべて非適格現物出資になります。
- 個人から債務超過である法人へのDESは，当該法人において債務消滅益課税のリスクがあります。

1 現物出資とは

　会社法上，金銭以外の資産を出資の対象とする現物出資が認められています（会社法199①三）。しかし，株式会社に対して現物出資を行う場合には，原則として，裁判所が選任した検査役の調査が必要であることから（会社法33, 207），これが選択されることはほとんどありません（ただし，持分会社に対する現物出資では検査役調査は不要）。

　もちろん，検査役調査には時間がかかることから，検査役調査の代わりに，弁護士，公認会計士，税理士などの財産証明によることも検討されています。しかしながら，会社法上の責任が重すぎることから，財産証明業務を引き受ける専門家が少ないという問題があります。

　したがって，金銭出資により金銭を払い込んでから，当該金銭により資産を取得させるという方法を選択することが一般的です。

　さらに，適格組織再編により資産を移転するにしても，平成17年改正前商法
と異なり，現行会社法では，事業の移転だけでなく，事業用資産の移転につい
ても会社分割を利用することができます。そのため，適格現物出資ではなく，
適格分割の手法を採用することが一般的です。

　このように，国境をまたぐ組織再編のように，会社分割を行うことができな
い場合はともかくとして，実務では現物出資はほとんど行われていません。

② 個人からの現物出資

　実務上，「個人からの現物出資についても税制適格要件が認められるのか」
というご質問を受けることがあります。しかし，適格現物出資は，法人から法
人に対する資産の移転に限定されているため（法法2十二の十四），個人から
の現物出資は，すべて非適格現物出資に該当します。

　したがって，実務上，個人からの現物出資はほとんど行われていません。

　ただし，第2編で解説するように，平成30年度税制改正により，特例事業承
継税制が導入されたことから，DES（デット・エクイティ・スワップ）を行い，
オーナーから会社に対する貸付金を株式に振り替えることを検討することがあ
ります。後述するように，DESを行った場合には，債務消滅益の議論がありま
すが，資産超過会社に対する貸付金は帳簿価額と時価が等しいことが多く，結
果的に，債務消滅益が生じないことが多いと思われます。

③ DESのリスク

　DESとは，被現物出資法人に対する債権を現物出資対象資産とする現物出資
をいいます。そのため，DESについても，組織再編税制の対象になります。

　そして，オーナー社長の法人に対する債権をDESの対象にするときは，個人
から法人に対する現物出資であるため，非適格現物出資として取り扱われます。
この場合，被現物出資法人（債務者）が受け入れた債権の時価と債務の帳簿価

額に差異が生じる場合には，債務消滅益が生じてしまいます。

　例えば，被現物出資法人における借入金の帳簿価額が300であり，時価が0である場合は，被現物出資法人の仕訳は以下のようになります。

【DESにおける被現物出資法人の処理】

イ．現物出資

（貸　　付　　金）　　　　0　　（資 本 金 等 の 額）　　　　　0

ロ．混同による消滅

（借　　入　　金）　　　300　　（貸　　付　　金）　　　　　0
　　　　　　　　　　　　　　　　（債 務 消 滅 益）　　　　300

　このように，被現物出資法人が債務超過会社である場合において，非適格現物出資に該当するDESを行ってしまうと，法人税，住民税及び事業税の税負担が多額になる可能性が高いといえます。

用語解説

現物出資法人

　現物出資によりその有する資産の移転を行い，またはこれと併せてその有する負債の移転を行った法人をいいます（法法２十二の四）。

被現物出資法人

　現物出資により現物出資法人から資産の移転を受け，またはこれと併せて負債の移転を受けた法人をいいます（法法２十二の五）。

第4章 現物分配，株式分配はほとんど経験しない

本章のポイント

- 法人から法人への現物分配，株式分配はほとんど行われていません。
- 法人から個人への現物分配，株式分配はすべて非適格現物分配になります。

1 現物分配，株式分配とは

　現物分配とは，剰余金の配当，自己株式の処分，残余財産の分配などにより金銭以外の資産の交付を行うことをいいます（法法2十二の五の二）。

　これに対し，株式分配とは，現物分配のうち，100％子会社株式を対象とし，その全部が移転するものをいいます（法法2十二の十五の二）。条文を厳密に読むと，現物分配により100％子会社株式の移転を受ける者が，現物分配の直前において当該現物分配法人との間に完全支配関係がある者のみである場合を除くこととしているため，条文上で想定されている株式分配は，第2章で解説したスピンオフ税制であると考えられます。

　しかし，第2章で解説したように，実務上，このような現物分配を行うことは稀であると思われます。

　そして，株式分配に該当しない現物分配についても，実務上，ほとんど利用されていないため，ここでは簡単な説明に留めます。

2　内国法人への現物分配

　法人税法上，内国法人への現物分配に対して税制適格要件が定められています（法法2十二の十五，十二の十五の三）。ただし，①子会社が保有する孫会社株式を親会社に分配する場合（下図参照）や，②子会社が保有する親会社株式を親会社に分配する場合には利用されていますが，それ以外の場合にはほとんど利用されていません。なお，②の場合には，親会社が取得した株式は自己株式となります。

■孫会社株式の現物分配

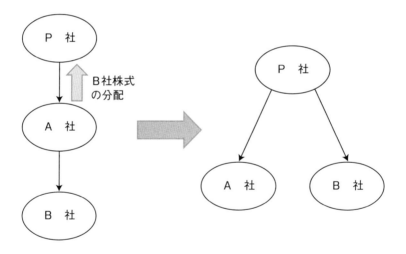

3　個人への現物分配

　法人税法上，適格現物分配は完全支配関係のある内国法人から内国法人への現物分配に限定されているため，スピンオフ税制が適用される場合を除き，個人への現物分配はすべて非適格現物分配として取り扱われます。そして，現物

分配を受けた個人では，所得税法上，配当所得が発生します。そのため，個人への現物分配はほとんど行われていません。

現物分配法人

　現物分配によりその有する資産の移転を行った法人をいいます（法法２十二の五の二）。

被現物分配法人

　現物分配により現物分配法人から資産の移転を受けた法人をいいます（法法２十二の五の三）。

第5章 株式交換・移転, スクイーズアウトは税制適格要件のみを理解する

 本章のポイント

- 非適格株式交換・移転はほとんど行われていません。
- 非適格スクイーズアウトはほとんど行われていません。

1 株式交換・移転とは

(1) 株式交換とは

　株式交換とは, 完全子法人となる法人がその発行済株式の全部を完全親法人となる法人に取得させることをいいます (会社法2三十一)。

　株式交換を行う場合には, 原則として, 完全親法人となる法人及び完全子法人となる法人において株主総会の特別決議による承認を受ける必要があります (会社法309②十二, 783①, 795①)。このように, 株式交換とは他の会社を完全子会社にする方法です。

■株式交換

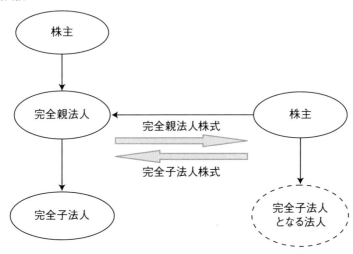

(2)　株式移転とは

　株式移転とは，一または二以上の完全子法人となる法人がその発行済株式の全部を新たに設立する完全親法人となる法人に取得させることをいいます（会社法2三十二）。

　株式移転を行う場合には，株式交換と同様に，それぞれの完全子法人となる法人の株主総会での特別決議の承認が必要になります（会社法309②十二，804①）。株式交換との違いは，完全親法人となる法人が新しく設立される法人であるという点です。

■**株式移転**

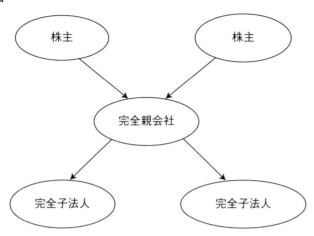

**用語
解説**

株式交換完全子法人

　株式交換によりその株主の有する株式を他の法人に取得させた
当該株式を発行した法人をいいます（法法２十二の六）。そして，
スクイーズアウトによりその株主の有する株式を他の法人に取得
させた当該株式を発行した法人とあわせて「株式交換等完全子法
人」といいます（法法２十二の六の二）。なお，本書では，これ
らと株式移転完全子法人をあわせて「完全子法人」と表記します。

株式交換完全親法人

　株式交換により他の法人の株式を取得したことによって当該法
人の発行済株式の全部を有することとなった法人をいいます（法
法２十二の六の三）。そして，スクイーズアウトにより他の法人
の発行済株式の全部を有することとなった法人とあわせて「株式
交換等完全親法人」といいます（法法２十二の六の四）。なお，
本書では，これらと株式移転完全親法人をあわせて「完全親法
人」と表記します。

> **株式移転完全子法人**
>
> 　株式移転によりその株主の有する株式を当該株式移転により設立された法人に取得させた当該株式を発行した法人をいいます（法法2十二の六の五）。
>
> **株式移転完全親法人**
>
> 　株式移転により他の法人の発行済株式の全部を取得した当該株式移転により設立された法人をいいます（法法2十二の六の六）。

② 非適格株式交換・移転が行われていない理由

　平成18年度税制改正により，非適格株式交換・移転（完全支配関係のある内国法人間での株式交換・移転を除きます）を行った場合には，完全子法人の保有する資産の含み損益に対して評価損益を計上することになりました（法法62の9）。

　具体的な税制適格要件は下表のとおりです（法法2十二の十七，十二の十八，法令4の3⑰〜㉔）。

■税制適格要件

完全支配関係	支配関係	共同事業
(イ)　金銭等不交付要件	(イ)　金銭等不交付要件 (ロ)　従業者引継要件 (ハ)　事業継続要件	(イ)　金銭等不交付要件 (ロ)　従業者引継要件 (ハ)　事業継続要件 (ニ)　事業関連性要件 (ホ)　事業規模要件または特定役員引継要件 (ヘ)　株式継続保有要件 (ト)　完全親子関係継続要件

　上記のように，現金交付型株式交換を行った場合には，原則として非適格株

式交換に該当します。しかしながら，平成29年度税制改正により，株式交換完全親法人が株式交換完全子法人の発行済株式総数の３分の２以上を保有している場合には，現金交付型株式交換を行ったとしても，金銭等不交付要件に抵触しないことになりました。

　さらに，前述のように，株式交換を行うためには，株主総会の特別決議が必要になることから，株式交換の前に株式交換完全子法人の発行済株式総数の３分の２以上を取得することが一般的かと思います。このように，株式交換の前に株式交換完全子法人株式を取得したとしても，「第１章 2 (3)　完全支配関係，支配関係の判定」で解説したように，株式交換の直前に支配関係があり，株式交換後に支配関係が継続することが見込まれていれば，グループ内の株式交換に該当します。そのため，株式交換完全子法人の保有する資産に含み益がある場合であっても，適格株式交換に該当させることにより，時価評価課税を回避することができます。

　また，平成22年度税制改正前は，含み損を実現するために，あえて現金交付型株式交換を行う事例もありました。しかし，平成22年度税制改正により，完全支配関係のある内国法人との間で行われる株式交換・移転を行った場合には評価損益を計上することができなくなりました（法法62の９，法令123の11）。そのため，現在では，含み損を実現するための現金交付型株式交換は行われていません。

　このような理由から，現在では，含み益がある場合と含み損がある場合のいずれにおいても非適格株式交換・移転はほとんど行われていません。

　※　支配関係の判定は，発行済株式総数の50％超を直接または間接に保有しているかどうかで行いますが，金銭等不交付要件の例外は，発行済株式総数の３分の２以上を直接に保有しているかどうかで行いますので，これらを混同しないようにご留意ください。

Point!

☑　実務上，株式交換・移転のほとんどが税制適格要件を満たすことができます。

③　代替的な手法としてのスクイーズアウト

　現在の会社法では，全部取得条項付種類株式，株式併合または特別支配株主の株式等売渡請求（以下，「株式等売渡請求」といいます）により少数株主を締め出すことが認められています（これらの手法を，本書では「スクイーズアウト」と総称します）。

　このうち，全部取得条項付種類株式を利用した手法はほとんど行われておらず，実務上は，株式併合または株式等売渡請求のみが利用されています。

　スクイーズアウトは，実質的には現金交付型株式交換と変わらないことから，平成29年度税制改正により，全部取得条項付種類株式，株式併合または株式等売渡請求により少数株主を締め出した場合であっても，株式交換を行った場合と同様に，税制適格要件を満たさないときは時価評価課税の適用を受けることになりました（法法62の 9 ）。

　ただし，スクイーズアウトの対価として金銭を交付したとしても金銭等不交付要件に抵触しないことが条文上，明記されました（法法 2 十二の十七柱書）。

　さらに，会社法上，全部取得条項付種類株式または株式併合による少数株主の締出しは株主総会の特別決議が必要になり，株式等売渡請求による少数株主の締出しは議決権の90％以上を保有している必要があります。その結果，グループ内のスクイーズアウトに該当することが多いため，事業継続要件及び従業者引継要件を満たせば，容易に税制適格要件を満たすことができます。

　したがって，支配株主が法人である場合にスクイーズアウトを行ったとしても，時価評価課税が問題になることはほとんどありません。

　なお，会社法上，株式交換と異なり，スクイーズアウトの手法は，支配株主が法人ではなく，個人である場合であっても利用することが認められています。

　しかし，法人税法 2 条12号の16に規定する「株式交換等」は，全部取得条項付種類株式もしくは株式併合における最大株主等である法人または株式等売渡請求における一の株主等である法人との間に完全支配関係を有することとなる

ものに限定されています。

　そのため，支配株主が個人である場合には，そもそも「株式交換等」に該当しないといえます。その結果，支配株主が個人である場合には，税制適格要件を検討するまでもなく，時価評価課税の対象にはなりません。

　このように，現行法上，少数株主の締出しのための手法として株式併合または株式等売渡請求を用いたとしても，時価評価課税が問題になることはほとんどないと思われます。

> ※　株式併合を利用した手法とは，株式総会の特別決議により，複数の株式を1株に統合することにより1株未満の端数を生じさせたうえで，キャッシュ・アウトする手法をいいます（会社法309②四，180②）。例えば，100株を1株にする株式併合を行った場合には，100株未満の株式しか保有していない少数株主を締め出すことが可能になります。これに対し，株式等売渡請求は，特別支配株主（原則として，対象会社の議決権を90％以上保有する株主）が，他の株主全員に対して売渡しを請求する手法をいいます。（会社法179①）。そして，株主総会決議を行う必要がなく，取締役（取締役会設置会社の場合には取締役会）により株式等売渡請求を承認するか否かが決定されます（会社法179の3③）。

> ※　実務上，スクイーズアウトを行った場合に，時価評価課税が問題となる事案は，支配株主が法人である場合において，①完全子法人に事業がない事案と②スクイーズアウトを行った後に完全子法人株式を譲渡する事案のみであると思われます。

Point!

☑　支配株主が個人である場合には，スクイーズアウトを行っても，税制適格要件を検討する必要はありません。

4　完全子法人の株主の処理

　株式交換・移転を行った場合には，完全子法人の株主が完全子法人株式を譲渡し，完全親法人株式を取得しているので，原則として株式譲渡損益を認識する必要があります。

　しかし，完全親法人株式のみを交付する株式交換・移転を行った場合には，

交付を受けた株主に担税力がないことから，株式譲渡損益が認識されないこととされています（法法61の2⑨⑪，所法57の4①②）。そのため，現金交付型株式交換のような特殊な事例を除き，株主課税が課されないことがほとんどです。

　さらに，株式交換・移転を行った場合には，消費税法上，株式を譲渡したものとして取り扱われます。そのため，非課税売上が増加するため，課税売上割合の減少要因となります。ただし，株式の譲渡価額の5％のみが非課税売上として課税売上割合の計算に算入されることから（消令48⑤），その影響は軽微であることがほとんどです。

【完全子法人の株主の仕訳】

　（完全親法人株式）　　　×××　　　（完全子法人株式）　　　×××

5　完全親法人の処理

　完全親法人株式のみを交付する株式交換・移転を行った場合には，完全親法人は完全子法人株式を取得し，対価として完全親法人株式を交付します。

　会計上，増加した株主資本の額は，資本金，資本準備金，その他資本剰余金に任意に配分されます（計規39②本文，52②）。しかし，株式交換を行った場合には，債権者保護手続きを行わない限り，その他資本剰余金に配分することは認められておらず，資本金，資本準備金に配分する必要があります（計規39②但書）。

　また，税務上も，利益積立金額を増加させずに，資本金等の額の増加額として取り扱います（法令8①十，十一）。

【完全親法人の仕訳】

　（子 会 社 株 式）　　　×××　　　（資　　本　　金）　　　×××
　　　　　　　　　　　　　　　　　　　（資 本 準 備 金）　　　×××
　　　　　　　　　　　　　　　　　　　（その他資本剰余金）　　　×××

　ここで留意が必要なのは，受け入れる子会社株式の帳簿価額です。会計上は，

交付した完全親法人株式の時価または完全子法人となった法人の簿価純資産価額を基礎に計算します。これに対し，税務上は，株主が50人未満である場合には，完全子法人の株主における帳簿価額を基礎に計算します（法令119①十イ，十二イ）。

　そのため，完全子法人の株主における帳簿価額を合計すると10百万円であり，当該完全子法人の簿価純資産価額が1,000百万円であるときは，税務上の資本金等の額の増加額が10百万円となり，会計上の資本金，資本準備金及びその他資本剰余金の増加額が1,000百万円となるため，その部分についての申告調整が必要になります。

【会計上の仕訳】

　（子 会 社 株 式）1,000百万円　　（資 本 準 備 金）1,000百万円

【税務上の仕訳】

　（子 会 社 株 式）　　10百万円　　（資 本 金 等 の 額）　　10百万円

■申告調整

I　利益積立金額の計算に関する明細書			
区　分	期 首 現 在 利益積立金額	当期の増減		差引翌期首現在 利 益 積 立 金 額
		減	増	
	①	②	③	④
子会社株式			※△990百万円	△990百万円
資本金等の額			※　990百万円	990百万円

II　資本金等の額の計算に関する明細書			
区　分	期 首 現 在 資本金等の額	当期の増減		差引翌期首現在 資 本 金 等 の 額
		減	増	
	①	②	③	④
資本準備金			1,000百万円	1,000百万円
利益積立金額			△990百万円	△990百万円

※　現金交付型株式交換を行った場合には，交付した金銭に相当する金額が完全子法人株式の帳簿価額になるため，資本金等の額は増減しません。

※　上記の事案では，税務上の資本金等の額が会計上の資本金と資本準備金の合計額を下回っているため，資本金と資本準備金の合計額により，住民税均等割及び事業税資本割の計算を行うことになります（地法52④，72の21②）。

Point!

☑　株式交換・移転を行う場合には，完全親法人の住民税均等割及び事業税資本割への影響についても注意しましょう。

6　会計・税務から見た株式交換契約書・株式移転計画書（契約書）の確認ポイント

　合併や会社分割と同様に，株式交換・移転を行う場合には，株式交換契約書または株式移転計画書（契約書）を作成する必要があります。

　会計・税務の観点からは，以下の項目を確認する必要があります。

（i）　税制適格要件を満たす内容になっているか。

（ii）　株式交換・移転により交付する対価はどのようになっているか。

（iii）　純資産の部はどのような処理になっているか。

　例えば，株式交換契約書の場合には，上記の項目は以下のように記載されます。

■株式交換契約書（一部抜粋）

（株式交換対価の交付及び割当て）

第2条　甲は，株式交換に際して，普通株式100株を発行し，第○○条に定める効力発生日前日最終の乙の株主名簿に記載された乙の株主に対して，乙株式1株に対して，甲株式2株の割合で割当交付する。

（増加すべき資本金及び準備金）

第3条　株式交換により増加すべき甲の資本金及び準備金は，次のとおりとする。

1．資本金　　　　　　　　　　　　　　0円

2．資本準備金　効力発生日における乙の純資産額

第6章 事業譲渡は資産の取得のみを理解する

 本章のポイント

- 事業譲渡を行った場合には，事業譲渡法人から事業譲受法人に対して時価で資産または負債が譲渡されます。

1 事業譲渡とは

　事業譲渡とは，「①一定の営業目的のために組織化され，有機的一体として機能する財産の全部又は重要な一部を譲渡し，②これによって譲渡会社がその財産によって営んでいた営業活動の全部又は重要な一部を譲受人に受け継がせ，③譲渡会社がその限度に応じ法律上当然に競業避止義務を負う結果を伴うもの」（最大判昭和40年9月22日民集19巻6号1600頁）をいいます。

　株式会社が，①事業の全部の譲渡，②事業の重要な一部の譲渡，③他の会社の事業の全部の譲受けを行う場合には，原則として，株主総会の特別決議が必要になります（会社法309②十一，467①一，二，三）。

■事業譲渡

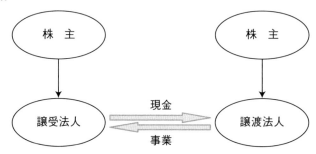

2 法人税法上の処理

　事業譲渡を行った場合には，事業譲渡法人から事業譲受法人に対して時価で資産または負債が譲渡されます。その結果，事業譲渡法人では譲渡損益が発生し，事業譲受法人では時価で資産または負債を取得します。したがって，事業譲受法人で取得した固定資産は中古固定資産として取り扱われます。この点は，一般的な資産の取得と変わりません。

　なお，第7章で解説するように，完全支配関係のある内国法人間の取引であれば，グループ法人税制が適用され，譲渡損益調整資産に係る譲渡損益が繰り延べられます。

　しかし，譲渡損益調整資産は固定資産，土地（土地の上に存する権利を含みます），有価証券，金銭債権及び繰延資産に限定されており，のれん（資産調整勘定）については譲渡損益の繰延べの対象から除外されています。そのため，完全支配関係のある法人間の取引であってものれんに対する譲渡益を認識する必要があります。

　このように，事業譲渡を行った場合には，組織再編税制のような特殊な論点はほとんどありません。そのため，通常の資産売買の処理と同じように考えれば十分です。

　強いて特殊な論点を挙げるとすれば，事業譲受法人における資産調整勘定及

び負債調整勘定の受入処理（法法62の8）があります。

　具体的には，資産調整勘定及び負債調整勘定として，以下のものが規定され
ています。

イ．資産調整勘定

ロ．差額負債調整勘定

ハ．退職給与負債調整勘定

ニ．短期重要負債調整勘定

　これらの基本的な考え方については，「企業結合に関する会計基準」のパー
チェス法における以下の概念に対比していると考えられます。

法人税法	会 計
資産調整勘定	のれん
差額負債調整勘定	負ののれん
退職給与負債調整勘定	退職給付引当金
短期重要負債調整勘定	特定勘定

③ 中古固定資産

　前述のように，法人税法上，事業譲受により固定資産を取得した場合には，
中古固定資産として取り扱われます。そのため，取得価額，取得年月日，耐用
年数などをそれぞれ見直す必要があります。

　さらに，原則として，取得価額が10万円未満のものがあれば少額固定資産と
して処理され（法令133），10万円以上20万円未満のものがあれば一括償却資産
として処理されます（法令133の2）。特に，機械装置や工具器具備品は，適正
な減価償却を行った後の帳簿価額を時価として取引することが多く，事業譲渡
法人での取得価額が高くても，事業譲渡の時点まで減価償却が進み，時価が10
万円未満まで下落しているケースも少なくありません。

　このように，事業譲渡を行う場合には，中古固定資産，少額固定資産及び一括償却資産の取扱いについて，それぞれ留意が必要です。

> **Point!**
> ☑ 　事業譲受により固定資産を取得した場合には，中古固定資産として取り扱われます。

4　一括償却資産

　一括償却資産は，3年間の均等償却により損金の額に算入することのみが認められており，対象となる一括償却資産を除却した場合であっても，除却損失を認識することは認められません。したがって，一括償却資産の除却後も，均等償却を継続していく必要があります（法基通7－1－13）。

　すなわち，事業譲渡も同様に，事業譲渡法人から事業譲受法人に移転した資産の中に一括償却資産が含まれていたとしても，譲渡原価に含めることは認められていません。

5　未経過固定資産税

　固定資産税は，1月1日に資産を所有している者に対して，1年分の課税がなされます（地法359）。そのため，通常の不動産の売買では，所有権移転後の固定資産税を買い手が実質的に負担するために，未経過固定資産税の精算を行うことが一般的です。

　なお，買い手が負担した未経過固定資産税は，固定資産税を支払ったのではなく，「固定資産税に相当する金額」を売買対価として支払ったにすぎないため，租税公課として損金の額に算入することはできず，不動産の取得価額に算入されます（東京高判平成28年3月25日TAINSコードZ888-1991，東京高判平成26年4月9日TAINSコードZ888-1853）。また，不動産の譲渡対価の一部

を構成するものとして消費税の課税対象となります（消基通10-1-6）。

　この取扱いは事業譲渡でも同様であり，未経過固定資産税を事業譲受法人が支払った場合には，当該未経過固定資産税に相当する金額は事業譲受法人が取得した不動産の取得価額に算入されます。

6 流通税

　事業譲渡を行った場合には，法人税，住民税及び事業税だけでなく，消費税，不動産取得税及び登録免許税も発生します。また，契約書の作成に伴い，印紙税が発生することもあります。

　一般的に，事業譲受対象資産に不動産が含まれている場合には，不動産取得税及び登録免許税が多額に発生することがあります。

　そのほか，事業譲渡に伴い，事業譲渡法人の課税売上割合が減少する場合には，事業譲渡法人の仕入税額控除が小さくなることが考えられます。さらに，事業譲渡に伴って発生した消費税に対して，事業譲受法人が十分に仕入税額控除を認識できるのかが問題になります。

　このように，事業譲渡を行う場合には，法人税，住民税及び事業税だけでなく，他の税目に与える影響も検討する必要があります。

Point!

☑　事業譲渡を行う場合には，法人税，住民税及び事業税だけでなく，他の税目についても注意しましょう。

第7章

譲渡損益の繰延べは
ほとんど経験しない

 本章のポイント

> ・譲渡損益調整資産は譲渡直前の税務上の帳簿価額が1,000万円以上で
> あるものに限定されているので，実務上，譲渡損益の繰延べはほとん
> ど行われません。

　平成22年度税制改正により，完全支配関係のある内国法人に対して資産の譲
渡を行った場合には，当該資産の譲渡損益を繰り延べることになりました。た
だし，譲渡損益の繰延べは，以下に掲げるもののうち，譲渡直前の税務上の帳
簿価額が1,000万円以上であるもののみが対象となります（法法61の11①，法
令122の12①）。そのため，対象となる資産はそれほど多くはありません。

・固定資産
・土地（土地の上に存する権利を含み，固定資産に該当するものを除く）
・有価証券
・金銭債権
・繰延資産

　なお，譲渡損益の繰延べを行うと，将来の売却等により譲渡損益が実現する
ことがあります（法法61の11②）。そのため，実現事由が生じたかどうかのモ
ニタリングが必要になります。

　私見ですが，譲渡損益の繰延べは，完全支配関係のある内国法人との間の取
引であることから容易に税制適格要件を満たすことができるため，代替的手法

■1,000万円基準の評価単位（法規27の13の2，27条の15①）

区　　分	評価単位
一　金銭債権	債務者ごと
二　減価償却資産	
イ　建物	一棟ごと（建物の区分所有等に関する法律1条（建物の区分所有）の規定に該当する建物にあっては，同法2条1項（定義）に規定する建物の部分ごと）
ロ　機械及び装置	一の生産設備または一台もしくは一基（通常一組または一式をもって取引の単位とされるものにあっては，一組または一式）ごと
ハ　その他	上記に準じて区分する。
三　土地等	一筆（一体として事業の用に供される一団の土地等にあっては，その一団の土地等）ごと
四　有価証券	銘柄の異なるごと
五　その他の資産	通常の取引の単位を基準として区分する

としての適格組織再編のほうがモニタリングが不要であるという優位性があると考えられます。

　さらに，「第1章⑤(8)　被合併法人株式に対して譲渡損益の繰延べがなされている場合」で解説したように，思わぬタイミングで譲渡損益が実現してしまうリスクもあります。したがって，含み益のある資産をグループ内で移転する場合には，適格組織再編の手法も検討したほうがよいと考えられます。

> ※　適格組織再編の場合には，税務上の帳簿価額で資産または負債を引き継ぐため，含み損益はそのまま分割承継法人等に移転しますが，資産譲渡または事業譲渡の場合には，時価で資産または負債が移転するため，譲渡損益を繰り延べたとしても，当該譲渡損益が実現されるのは譲渡法人側であるという違いがあります。

第8章 資本等取引は時価取引のみを理解する

 本章のポイント

- 多くの書籍では，時価と異なる価額で取引をした場合における税務上の取扱いについて解説されています。しかし，実務上，時価と異なる価額で取引をした場合における税務上の問題点が大きすぎることから，時価で取引をしていることがほとんどです。そのため，まずは，時価で取引をした場合における税務上の取扱いのみを理解しておきましょう。

1 増 資

(1) 金銭出資

① 有価証券を取得した法人または個人

金銭の払込みにより有価証券を取得した場合には，その払込みをした金銭の額に付随費用を加算した金額が有価証券の取得価額とされるのみで，特段の課税関係は生じません（法令119①二，所令118②，109①一）。

② 既存株主

時価取引であれば，既存株主において，何ら課税関係は生じません。

③　有価証券の発行法人

有価証券の発行法人では，払込みを受けた金銭の額が資本金等の額として取り扱われます（法法2十六，法令8①一）。

> ※　増資による資本金の額の増加は登記事項であり，本店所在地において，増加資本金の額に1,000分の7を乗じた金額（これによって計算した金額が3万円に満たないときは3万円）に対して，登録免許税が課されます（登免法別表第1二十四(一)ニ）。

(2)　準備金の額または剰余金の額の減少による資本組入れ

準備金の額または剰余金の額を減少させ，資本金の額に組み入れたとしても，株主における課税上の影響はありません。

また，発行法人においても，当該資本組入れを行ったとしても，資本金等の額及び利益積立金額が変動しないことから（法令8①十三），法人税の課税所得の計算への影響はありません。

> ※　平成27年度税制改正により，利益準備金またはその他利益剰余金を減少させ，資本金の額に組み入れた場合には，住民税均等割及び事業税資本割の計算上，資本金等の額に加算することとされたため，住民税均等割及び事業税資本割の金額が増加することが考えられます（地法23①四の五イ(1)，72の21①一）。

> ※　平成27年度税制改正により，住民税均等割の税率区分の基準である資本金等の額及び外形標準課税の資本割の課税標準となる資本金等の額が会計上の資本金と資本準備金の合計額を下回る場合には，資本金と資本準備金の合計額とする改正が行われている点にも留意が必要です（地法52④，72の21②）。

2　減　資

(1)　通常の取扱い

資本金の額を減少することにより，資本準備金またはその他資本剰余金を増加させた場合であっても，株主における課税上の影響はありません。

　また，発行法人においても，当該減資を行ったとしても，資本金等の額及び利益積立金額が変動しないことから（法令8①十二），法人税の課税所得の計算への影響はありません。

　※　会社法上，減資を行った場合には，資本金の額が減少し，資本準備金またはその他資本剰余金が増加します。すなわち，平成17年改正前商法で認められていた有償減資を行うためには，①資本金の額を減少させることにより，その他資本剰余金を増加させた後に，②その他資本剰余金を原資とした剰余金の配当または自己株式の取得を行う必要があります。そのため，法人税または所得税への影響が出るのは，その他資本剰余金を原資とした剰余金の配当または自己株式の取得が行われる時点であると考えられます。

⑵　資本金の額の減少による欠損填補

　資本金の額を減少することにより，欠損填補を行った場合であっても，株主における課税上の影響はありません。

　また，発行法人においても，当該資本金の額の減少を行ったとしても，資本金等の額及び利益積立金額が変動しないことから（法令8①十二），法人税の課税所得の計算への影響はありません。

　ただし，その他資本剰余金を増加させてから1年以内に欠損填補を行った場合には，法人税法上の資本金等の額は変動しないものの，住民税均等割及び事業税資本割の計算上，資本金等の額から減算することにより，住民税均等割及び事業税資本割を減少させることができるという特例が認められています（地法23①四の五イ⑶，72の21①三，地規1の9の4②③，3の16②③）。

　※　欠損填補の対象となるその他利益剰余金は，各事業年度決算時の負の残高に限られているため，臨時決算等により期中の負の残高に対して欠損填補を行うことはできません（渡邊泰大「都道府県税関係—法人住民税」税72巻12号51頁（平成29年）参照）。

　※　住民税均等割，事業税資本割の特例は，会社法446条に規定する剰余金に限定されているところ，会社法446条は株式会社についての規定であるため，持分会

社については，本特例を適用することはできません（渡邊前掲52頁参照）。

③ 法定準備金の取崩し

　資本準備金または利益準備金を減少することにより，欠損填補を行った場合であっても，株主における課税上の影響はありません。

　また，発行法人においても，当該資本準備金または利益準備金の減少を行ったとしても，資本金等の額及び利益積立金額が変動しないことから，法人税の課税所得の計算への影響はありません。

　ただし，資本準備金を減少させ，その他資本剰余金を増加させてから1年以内に欠損填補を行った場合には，法人税法上の資本金等の額は変動しないものの，住民税均等割及び事業税資本割の計算上，資本金等の額から減算することにより，住民税均等割及び事業税資本割を減少させることができるという特例が認められています（地法23①四の五イ(3)，72の21①三，地規1の9の4②③，3の16②③）。

　　※　持分会社には，法定準備金の制度がないことから，資本準備金または利益準備金を減少させることはできません。

④ 利益剰余金の配当

　その他利益剰余金を原資として配当を行った場合には，配当を受け取った株主において受取配当金として処理します。

　すなわち，法人株主である場合には，原則として，法人税の課税対象になりますが（法法22②），受取配当等の益金不算入（法法23）の適用を受けることができ，個人株主である場合には，所得税の計算において，配当所得として取り扱われ（所法24），配当控除の適用を受けます（所法92）。

　また，その他利益剰余金の配当を行った発行法人では，利益積立金額が減少

します（法令 9 ①八）。

※　その他利益剰余金の配当を行った場合には，原則として，配当金額の20.42％
　　（上場株式等については，20.315％）について，源泉所得税の徴収が必要になり
　　ます（所法181②，182二）。

※　源泉所得税は，税金の前払い的な性格のものであることから，法人税法上，所
　　得税額控除の適用が認められており，原則として，確定申告により支払うべき法
　　人税額から控除することが認められています（法法68）。ただし，配当計算期間
　　のうち株式を保有していない期間がある場合には，所得税額控除の一部が認めら
　　れないことがあります（法令140の 2）。
　　　なお，令和 4 年度税制改正により，令和 5 年10月 1 日以後に支払いを受ける配
　　当のうち，以下に掲げるものについては，源泉所得税が課されないことになりま
　　した（所法177，所令301）。
　　　①　完全子法人株式
　　　②　配当の支払いに係る基準日において，当該内国法人が直接に保有する他の
　　　　内国法人の株式の発行済株式総数に占める割合が 3 分の 1 を超える場合にお
　　　　ける当該他の内国法人の株式
　　　ただし，配当を受ける内国法人が，一般社団法人（公益社団法人を除く），一
　　般財団法人（公益財団法人を除く），人格のない社団等または公益法人等に該当
　　する場合には，本特例の適用を受けることができません。

※　令和 2 年度税制改正により，特定関係子法人から受ける配当等の額が株式等の
　　帳簿価額の10％を超える場合には，原則として，その対象配当金額のうち益金不
　　算入相当額をその株式等の帳簿価額から引き下げることになりました（法令119
　　の 3 ⑩〜⑯）。その結果，受取配当等の益金不算入が適用できたとしても，株式
　　の帳簿価額の引下げを通じて，株式譲渡益が引き上げられてしまうため，株式を
　　譲渡する前に配当をする手法を検討する際には，この制度が適用されるかどうか
　　について検討する必要があります。
　　　しかしながら，①特定関係子法人が内国法人であり，設立の時から支配関係発
　　生日までの期間を通じて，外国法人，非居住者または公益法人等が株主になった
　　ことがない場合，②支配関係発生日から10年を経過した場合などに該当する場合
　　には，この制度は適用されません。
　　　そのため，実務上，この制度が適用されない事案がほとんどであるため，この
　　制度の存在は知っておいていただきたいのですが，その具体的な内容については，
　　本書では解説を省略します。

5　資本剰余金の配当

(1)　発行法人における取扱い

　その他資本剰余金を原資として配当を行った場合には，プロラタ方式により，受け取った配当の一部を資本の払戻しとして処理し，残りの一部をみなし配当として処理します。すなわち，資本の払戻しとして処理された部分の金額は資本金等の額の減少として取り扱われ，みなし配当として処理された部分の金額は利益積立金額の減少として取り扱われます。

　具体的な資本金等の額と利益積立金額の減少額は以下のとおりです。

①　資本金等の額の減少（法令8①十八）

　減少する資本金等の額＝資本の払戻しの直前の資本金等の額 $\times \dfrac{\text{ロ}}{\text{イ}}$

　　イ＝資本の払戻しの日の属する事業年度の前事業年度終了の時の資産の帳簿価額から負債の帳簿価額を減算した金額

　　　※　当該資本の払戻しの日以前6か月以内に仮決算を行うことにより中間申告書を提出し，かつ，当該提出した日から当該資本の払戻しの日までの間に確定申告書を提出していなかった場合には，当該中間申告書に係る期間（事業年度開始の日以後6か月の期間）終了の時の資産の帳簿価額から負債の帳簿価額を減算した金額となります。

　　　※　当該終了の時から当該資本の払戻しの直前の時までの間の資本金等の額または利益積立金額（法令9①一に掲げる金額を除きます）が増減した場合には，上記の金額に当該増減額を加減算します。

　　ロ＝資本の払戻しにより減少した資本剰余金の額

　　　※　$\dfrac{\text{ロ}}{\text{イ}}$ を「減少剰余金割合」といいます。

Point!

- ☑ 資本の払戻しの直前の資本金等の額が零以下である場合には，減少剰余金割合は零とします。
- ☑ 資本の払戻しの直前の資本金等の額が零を超え，かつ，分母の金額が零以下である場合には，減少剰余金割合は1とします。
- ☑ 減少剰余金割合に小数点以下3位未満の端数があるときはこれを切り上げます。
- ☑ 減少剰余金割合が1を超える場合には，減少剰余金割合を1とします。
- ☑ 上記の算式により計算した金額が，資本の払戻しにより交付した金銭の額を超える場合には，交付した金銭の額が資本金等の額の減少額となります。
- ☑ 上記の算式により計算した金額が，資本の払戻しにより減少した資本剰余金の額を超える場合には，減少した資本剰余金の額が資本金等の額の減少額となります。
- ☑ 2以上の種類の株式を発行している場合には，種類株式ごとの資本金等の額（種類資本金額）により計算を行います。

②　利益積立金額の減少（法令9①十二）

　資本の払戻しにより交付した金銭の額が，資本金等の額の減少額を超える場合におけるその超える部分の金額が利益積立金額の減少額になります。

【発行法人における仕訳】

| （資本金等の額） | ××× | （現　金　預　金） | ××× |
| （利益積立金額） | ××× | （預り源泉所得税） | ××× |

　※　その他資本剰余金の配当を行った場合には，原則として，みなし配当に対する源泉所得税の徴収が必要になります（所法181②，182二）。

⑵　株主における取扱い

　以下の計算により，みなし配当と株式譲渡損益の計算を行います。

① みなし配当の金額（法法24①四，法令23①四，所法25①四，所令61②四）

みなし配当の金額＝交付を受けた金銭の額 － 「(1)①資本金等の額の減少」における「減少する資本金等の額」のうちその交付の基因となった当該法人の株式に対応する部分の金額

「(1)①資本金等の額の減少」における「減少する資本金等の額」のうちその交付の基因となった当該法人の株式に対応する部分の金額 ＝ 資本の払戻しの直前の資本金等の額 × $\dfrac{ロ}{イ}$ × $\dfrac{保有株式数}{払戻株式の総数}$

　　イ＝「(1)①　資本金等の額の減少」で使用した数値と同じ数値を使用します。

　　ロ＝同上

② 株式譲渡損益の金額（法法61の2①，措法37の10③五）

　　株式譲渡損益＝譲渡収入の金額－譲渡原価の金額

　※　譲渡収入の金額は，交付を受けた金銭の額からみなし配当の金額を控除することにより算定します。

　※　譲渡原価の金額は，以下のように計算します（法令119の9①，所令114①）。

　　　譲渡原価の金額＝資本の払戻しの直前の所有株式の帳簿価額× $\dfrac{ロ}{イ}$

【その他資本剰余金を原資として配当金を受け取った株主における税務上の仕訳】

（現 金 預 金）	×××	（有 価 証 券）	×××
（未 収 源 泉 税）	×××	（受 取 配 当 金）	×××
		（株 式 譲 渡 損 益）	×××

　※　100％子会社からその他資本剰余金の配当を受け取った場合には，株式譲渡損益を認識せず（法法61の2⑰），資本金等の額の増減項目として処理します（法令8①二十二）。具体的には，以下の仕訳のようになります。

【100％子会社からその他資本剰余金を原資として配当金を受け取った株主における税務上の仕訳】

（現 金 預 金）	×××	（有 価 証 券）	×××
（未 収 源 泉 税）	×××	（受 取 配 当 金）	×××
		（資 本 金 等 の 額）	×××

6　自己株式の取得

(1)　種類株式を発行していない場合

①　発行法人における税務上の取扱い

　法人税法上，自己株式は資産（有価証券）に計上せず（法法2二十一），取得資本金額（発行法人が自己株式を取得した直前の資本金等の額を株数按分した金額）を資本金等の額から減算します（法令8①二十）。

　さらに，自己株式の取得により交付した金銭の額が取得資本金額を超える場合におけるその超える部分の金額については利益積立金額の減算項目となります（法令9①十四）。

ケーススタディ

前提条件

- 発行法人の資本金等の額は，500,000千円である。
- 発行済株式総数のうち10％に相当する株式を取得し，200,000千円に相当する金銭を交付した。

計算過程

　減少資本金等の額＝500,000千円×10％＝50,000千円

　減少利益積立金額＝200,000千円－500,000千円×10％＝150,000千円

　※　自己株式の取得を行った場合には，原則として，みなし配当に対する源泉所得税の徴収が必要になります（所法181②，182二）。

②　株主における税務上の取扱い

(ⅰ)　みなし配当の計算

　自己株式の取得により金銭の交付を受けた場合において，その金銭の額が発行法人の資本金等の額のうちその交付の基因となった株式に対応する部分の金

額を超えるときは，その超える部分の金額については，みなし配当として取り扱われます（法法24①五，所法25①五）。

ケーススタディ

前提条件

- 発行法人の資本金等の額は，500,000千円である。
- 発行済株式総数のうち10％に相当する株式を買い取らせ，200,000千円に相当する金銭の交付を受けた。

計算過程

みなし配当の金額＝200,000千円－500,000千円×10％＝150,000千円

(ii)　株式譲渡損益の計算

株式譲渡損益の計算において，みなし配当に相当する金額が譲渡対価の金額から控除されます（法法61の2①一，措法37の10③五）。

ケーススタディ

前提条件

- 交付を受けた金銭の額；200,000千円
- みなし配当の金額；150,000千円
- 株式の取得価額；20,000千円

計算過程

株式譲渡損益の金額＝（200,000千円－150,000千円）－20,000千円
　　　　　　　　　＝30,000千円

※　金融商品取引所の開設する市場における購入，店頭売買登録銘柄として登録された株式のその店頭売買による購入，合併に反対する当該合併に係る被合併法人の株主の買取請求に基づく買取り，一株に満たない端数に相当する部分の対価と

しての金銭の交付などの一定の場合には，みなし配当を認識せずに，株式譲渡損益のみを認識します（法令23③，所令61①）。

　この場合には，原則として，発行法人においても，利益積立金額を減少させずに，資本金等の額のみを減少させます（法令8①二十一）。しかしながら，租税特別措置法に規定する特例，すなわち，非上場株式における相続株主からの自己株式の取得（措法9の7）の特例については，個人株主において，みなし配当として取り扱わなかったとしても，発行法人においては利益積立金額が減少するという点に留意が必要です。

※　自己株式の取得に要した付随費用は，自己株式が有価証券に該当しないことから，支出時に損金の額に算入されます（『平成18年版改正税法のすべて』248頁）。

(2)　種類株式を発行している場合

　前述のように，自己株式の取得により金銭の交付を受けた場合において，その金銭の額が発行法人の資本金等の額のうちその交付の基因となった株式に対応する部分の金額を超えるときは，その超える部分の金額については，みなし配当として取り扱われます（法法24①五，所法25①五）。

　しかし，取得条項付種類株式や取得請求権付種類株式を発行している場合には，種類株式ごとに「発行法人の資本金等の額のうちその交付の基因となった株式に対応する部分の金額」を計算しないと，みなし配当の金額が過大または過少になることも少なくありません。

　そのため，現行法上，2以上の種類の株式を発行している場合には，種類株式ごとの資本金等の額（種類資本金額）を計算することとされています。

(3)　100%グループ内で自己株式の取得を行う場合

　前述のように，自己株式の取得を行った場合には，金銭の交付を受けた株主において，みなし配当及び株式譲渡損益を認識する必要があります（法法24①五，61の2①）。

　しかしながら，平成22年度税制改正により，グループ法人税制が導入され，完全支配関係のある子会社に自己株式を買い取らせた場合には，株式譲渡損益を認識せず，資本金等の額の増減項目として取り扱うことになりました（法法

61の2⑰，2十六，法令8①二十二）。具体的には，税務上，以下の仕訳のようになります。

【100%子会社に自己株式を買い取らせた場合】

（現　金　預　金）	×××	（有　価　証　券）	×××
（未 収 源 泉 税）	×××	（み な し 配 当）	×××
		（資 本 金 等 の 額）	×××

⑷　自己株式として取得されることを予定して取得した株式の特例

　例えば，A社が自己株式の取得を行うことをP社が知っていた場合には，みなし配当と株式譲渡損失の相殺を狙うために，①A社が自己株式の取得を行う前に，A社の発行済株式総数の10％に相当する株式をP社が取得し，②その後，P社が取得したA社株式を自己株式として買い取らせるという租税回避行為が考えられます。

　すなわち，P社におけるA社株式の取得価額が200,000千円，A社による自己株式の買取価額が200,000千円であり，A社の資本金等の額が50,000千円である場合において，自己株式を買い取らせたP社における税務上の仕訳は以下のようになります。

【税務上の仕訳】

（現　金　預　金）	160,181千円	（A　社　株　式）	200,000千円
（未 収 源 泉 税）	39,819千円	（み な し 配 当）	195,000千円
（株 式 譲 渡 損）	195,000千円		

　このように，一方でみなし配当が計上されることにより，受取配当等の益金不算入が適用され，一方で株式譲渡損失が計上されることにより，損金の額が増加するのであれば，これら一連の取引により，課税所得の圧縮が可能になるという問題が生じます。

　そのため，平成22年度税制改正により，自己株式の買取りにより，みなし配

当が発生することが予定されている株式を取得した場合には，受取配当等の益金不算入が適用されないことになりました（法法23③）。

⑸　自己株式の処分

　法人税法上，自己株式を処分した場合には，増資を行った場合と同様に取り扱われます。

⑹　自己株式の消却

　法人税法上，自己株式を取得した時点で資本金等の額のマイナスとして処理されることから，自己株式を消却した時点では，何ら課税所得への影響はありません。

7　株式交付

　令和元年に会社法が改正され，株式交付の制度が導入されました。株式交付とは，株式会社が他の株式会社を子会社にするために，当該他の株式会社の株式を譲り受け，その対価として株式会社の株式を交付することをいいます（会社法2三十二の二）。

　このように，株式交換と異なり，株式交付の制度は，100％子会社にする手法ではなく，買収会社株式を対価として，被買収会社株式を買い取る手法に過ぎません。そのため，組織再編税制の対象とはされておらず，株式交付子会社の株主における株式譲渡損益の繰延べに係る特例のみが導入されています（措法37の13の3，66の2の2，措令25の12の3④，39の10の3③一）。

Point!

☑　資本等取引は，株主におけるみなし配当及び株式譲渡損益，発行法人における資本金等の額及び利益積立金額の計算が重要になります。

第9章 解散及び清算は特例欠損金と事業税を理解する

 本章のポイント

- 債務超過会社が解散した場合には，特例欠損金（期限切れ欠損金）を損金の額に算入することが認められています。
- 残余財産の確定の日の属する事業年度に係る事業税については，当該残余財産の確定の日の属する事業年度において損金の額に算入することが認められています。

1 みなし事業年度の特例

　解散または清算を行った場合には，みなし事業年度の特例として以下のものが定められています。

---

① 事業年度の中途において解散した場合（法法14①一）
- 事業年度開始の日から解散の日までの期間（「解散事業年度」ともいいます）
- 解散の日の翌日から事業年度終了の日までの期間

② 清算中の法人の残余財産が事業年度の中途において確定した場合（法法14①五）
- 事業年度開始の日から残余財産の確定の日までの期間

　具体的な取扱いは，以下のとおりです。

①　株式会社が解散した場合（合併または破産手続きを行った場合を除きます）

　解散の日に事業年度が終了し，解散の日の翌日から1年間が1つの事業年度になります（会社法494①）。

　すなわち，3月決算法人が×1年5月31日に解散した場合において，×3年1月31日に残余財産が確定したときは，×1年4月1日から×1年5月31日まで，×1年6月1日から×2年5月31日まで，×2年6月1日から×3年1月31日までがそれぞれ事業年度となります。

> ※　グループ通算制度の適用を受けている通算子法人が解散した場合（合併または破産手続きを行った場合を除きます）には，通算承認の効力が失われないため，解散によるみなし事業年度は生じません。
> 　上記の例で，通算親法人も3月決算であるとした場合，×1年4月1日から×2年3月31日まで，×2年4月1日から×3年1月31日までが解散をした通算子法人の事業年度となります。

②　持分会社が解散した場合（合併または破産手続きを行った場合を除きます）

　持分会社には，会社法494条1項に対応する規定がないことから，上記①の事案の場合には，×1年4月1日から×1年5月31日まで，×1年6月1日から×2年3月31日まで，×2年4月1日から×3年1月31日までがそれぞれ事業年度となります。

③　破産手続きを行った場合

　破産手続き開始の決定は解散事由に該当することから（会社法471五，641六），破産手続き開始の決定の日に事業年度が終了し，当該破産手続き開始の決定の日の翌日から定款に定める決算期末までが1つの事業年度になります（法法13①）。

　すなわち，3月決算法人が×1年5月31日に破産手続き開始の決定により解散した場合において，×3年1月31日に残余財産が確定したときは，×1年4月1日から×1年5月31日まで，×1年6月1日から×2年3月31日まで，×2年4月1日から×3年1月31日までがそれぞれ事業年度となります。

> **Point!**
> ☑　株式会社と持分会社とでは，解散した場合におけるみなし事業年度の取扱い
> が異なります。

2　確定申告書の提出期限

　解散した日の属する事業年度では，通常の事業年度と変わらないため，解散
の日の翌日から2か月以内に所轄税務署長に対して，確定申告書を提出する必
要があります（法法74①）。また，確定申告書の提出期限の延長の特例の適用
も認められます（法法75の2①）。

　これに対し，残余財産が確定した場合には，残余財産が確定した日の翌日か
ら1か月以内（当該翌日から1か月以内に残余財産の最後の分配または引渡し
が行われる場合には，その行われる日の前日まで）に所轄税務署長に対して，
確定申告書を提出する必要があります（法法74②）。この場合には，上記の確
定申告書の提出期限の延長の特例は認められません。（法法75の2①）。

> **Point!**
> ☑　残余財産が確定した場合には，通常の確定申告書の提出期限と異なることに
> 注意しましょう。

3　解散法人の取扱い

(1)　残余財産がない場合

　清算中に終了する事業年度（以下，「清算事業年度」といいます）であって
も，基本的には，通常の法人税の課税所得の計算と変わりません。すなわち，
保有する資産を処分することにより譲渡損益が生じる場合には，清算事業年度

において，資産の譲渡損益を認識する必要があります（法法22②）。

　さらに，時価ベースで債務超過である場合には，残余財産の確定の日の属する事業年度において債権者の債権が切り捨てられ，債務免除益が生じます。そして，十分な繰越欠損金がない場合には，弁済できない債務の免除益に対して，法人税，住民税及び事業税の負担が生じてしまうという問題が生じます。

　このような問題に対応するために，清算事業年度において，残余財産がないと見込まれるときは，清算事業年度前の各事業年度（以下，「適用年度」といいます）において生じた特例欠損金（期限切れ欠損金）を損金の額に算入することが認められています（法法59④）。なお，債務免除益だけでなく，資産の譲渡益やその他の益金の額であっても，特例欠損金との相殺が認められているという特徴があります。

　この場合における特例欠損金の損金算入額は，適用年度終了の時における前事業年度以前の事業年度から繰り越された欠損金額の合計額から，適用年度の所得金額の計算上損金の額に算入される繰越欠損金額または災害損失金額を控除した金額とされており（法令117の5），適用年度終了の時における前事業年度以前の事業年度から繰り越された欠損金額の合計額とは，適用年度の法人税確定申告書に添付する別表五(一)「利益積立金額及び資本金等の額の計算に関する明細書」に期首現在利益積立金額の合計額として記載されるべき金額で，当該金額が負（マイナス）である場合の当該金額が該当するとされています（法基通12-3-2）。

■別表五(一)

I　利益積立金額の計算に関する明細書			
区　分	期　首　現　在 利益積立金額	当期の増減		差引翌期首現在 利益積立金額
		減	増	
	①	②	③	④
××××	××百万円	××百万円	××百万円	××百万円
小計	××百万円	××百万円	××百万円	××百万円
納税充当金	××百万円	××百万円	××百万円	××百万円
未納法人税等	××百万円	××百万円	××百万円	××百万円
差引合計額	△1,000百万円	××百万円	××百万円	××百万円

↓

「適用年度終了の時における前事業年度以前の
　事業年度から繰り越された欠損金額の合計額」
　＝1,000百万円

　上記の結果，適用年度におけるマイナスの期首現在利益積立金額に相当する金額が，繰越欠損金及び特例欠損金の合計額となることから，原則として，①残余財産の確定の日の属する事業年度中における損失，②繰越欠損金，③特例欠損金の合計額から資本金等の額を控除した金額と，債務の免除を受ける金額が一致するため，残余財産の確定の日の属する事業年度に損金の額に算入することができない経費が多額に生じる場合を除き，実質的に債務免除益による法人税，住民税及び事業税の負担は生じないと考えられます。

　なお，平成23年改正前法人税法では，適用年度終了の時における資本金等の額がマイナスである場合には，ほぼすべてのケースにおいて債務免除益課税が生じてしまいましたが，平成23年度税制改正により，適用年度終了の時におけるマイナスの資本金等の額を特例欠損金に含める（加算する）ことが可能になったため，残余財産の確定の日の属する事業年度に損金の額に算入することができない経費が生じる場合を除き，債務免除益課税は生じないことになりま

した（法令117の5一）。

　特例欠損金を損金の額に算入するためには，確定申告書に別表七（三）「民事再生等評価換えが行われる場合以外の再生等欠損金の損金算入及び解散の場合の欠損金の損金算入に関する明細書」及び関係書類を添付する必要があります（法法59⑥，法規26の6三）。

> **Point!**
> ☑　債務超過会社が解散した場合には，特例欠損金（期限切れ欠損金）を損金の額に算入することが認められています。

(2)　事業税の特例

　清算事業年度の所得に対する事業税も，通常の事業年度の所得に対する事業税と同様に，その事業税に係る確定申告書が提出された日の属する事業年度で損金の額に算入します（法基通9-5-1）。ただし，残余財産の確定の日の属する事業年度に係る事業税は，その事業年度に係る確定申告書を提出する日が残余財産の確定の日よりも後であることから，当該残余財産の確定の日の属する事業年度に係る事業税を損金の額に算入する機会を逸してしまいます。

　そのため，残余財産の確定の日の属する事業年度に係る事業税は，当該残余財産の確定の日の属する事業年度において損金の額に算入するという特例が認められています（法法62の5⑤）。

　しかしながら，循環計算を避けるという理由から，事業税に係る課税所得の計算では，残余財産の確定の日の属する事業年度に係る事業税を損金の額に算入する前の金額になるという点に留意が必要です（地法72の23①②）。

> **Point!**
> ☑　残余財産の確定の日の属する事業年度に係る事業税については，法人税法上，残余財産の確定の日の属する事業年度において損金の額に算入することが認められています。

⑶　繰戻還付

　法人税法上，繰越欠損金が生じた事業年度開始の日前1年以内に開始したいずれかの事業年度に生じた所得に対して支払った法人税の還付を受けるという，いわゆる「欠損金の繰戻還付」の制度が認められています（法法80①）。

　ただし，国の財政上の問題から，①事業年度終了の時における資本金の額が1億円を超える法人，②大法人（資本金の額が5億円以上である法人をいいます）による完全支配関係がある法人，③複数の完全支配関係がある大法人に発行済株式または出資の全部が保有されている法人などに対しては，その適用が凍結されています（法法80①，66⑤二，措法66の12一）。

　このような法人であっても，解散（適格合併による解散を除きます）した場合には，解散の日前1年以内に終了したいずれかの事業年度または同日の属する事業年度において生じた欠損金額に対して繰戻還付を適用することが認められています（法法80④，措法66の12）。

　しかし，繰越欠損金の繰戻還付の制度は法人税のみに認められており，住民税及び事業税には認められていません。

④　株主の取扱い

⑴　残余財産の分配を受けた場合

　内国法人が解散した後に，当該内国法人から残余財産の分配が行われた場合には，その株主においてみなし配当及び株式譲渡損益が生じます。具体的な計算は以下のとおりです。

【みなし配当（法令23①四，所令61②四）】

$$みなし配当の金額＝清算分配金－払戻等対応資本金等の額×\frac{保有株式数}{発行済株式総数}$$

【株式譲渡損益（法法61の2①，措法37の10③四）】

　　株式譲渡損益の金額＝（清算分配金－みなし配当の金額）－譲渡原価

　そして，みなし配当及び株式譲渡損益は，残余財産の分配を受けた日に認識する必要があります（法規27の3二，法基通2－1－27(5)ホ，所基通36－4(3)ホ，措通37の10・37の11共－1(6)ホ）。すなわち，清算結了時点ではなく，その前段階である残余財産の分配の日において，株主の課税関係が終了します。

【残余財産の分配を受けた株主】

（現　金　預　金）	×××	（有　価　証　券）	×××
（未 収 源 泉 税）	×××	（受 取 配 当 金）	×××
		（株 式 譲 渡 損 益）	×××

　完全支配関係がある内国法人から解散による残余財産の分配を受けた場合には，その法人株主において，株式譲渡損益を認識せずに（法法61の2⑰），資本金等の額の増減項目として処理する必要があります（法令8①二十二）。そして，適格合併を行った場合と同様に，完全支配関係がある内国法人の残余財産が確定した場合には，その内国法人の繰越欠損金を，その法人株主である内国法人に引き継ぐことが認められています（法法57②）。

　なお，実務上，稀であると思われますが，支配関係が生じてから5年以内に残余財産が確定した場合には，繰越欠損金の引継制限が課されます（法法57③）。

【残余財産の分配を受けた株主】

（現　金　預　金）	×××	（有　価　証　券）	×××
（未 収 源 泉 税）	×××	（受 取 配 当 金）	×××
		（資 本 金 等 の 額）	×××

(2)　残余財産がない場合

　これに対し，債務超過会社を解散した場合のように，残余財産の分配を受け

ることができない場合があります。このような場合には，残余財産の分配を受けないことが確定した時点で株式譲渡損失を計上します。

　ただし，完全支配関係がある内国法人の残余財産の分配を受けないことが確定した場合には，株式譲渡損失を計上することができません（法法61の2⑰）。そして，このような完全支配関係がある内国法人の解散または清算が見込まれている場合には，株式評価損の計上も認められていません（法法33⑤，法令68の3）。

> **Point!**
> ☑　解散法人の残余財産が確定した場合には，株主においてみなし配当及び株式譲渡損益が生じます。
> ☑　ただし，完全支配関係がある内国法人の残余財産が確定した場合には，株式譲渡損益を認識することができません。
> ☑　完全支配関係がある内国法人の残余財産が確定した場合には，原則として，当該内国法人の繰越欠損金をその法人株主に引き継ぐことができます。

5　債権者の取扱い

(1)　特別清算により債権が切り捨てられた場合

①　協定型の特別清算

　特別清算に係る協定の認可の決定があった場合には，この決定により切り捨てられることとなった部分の金額を貸倒損失として損金の額に算入することができます（法基通9-6-1⑵）。

②　和解型の特別清算

　特別清算には，協定型（本来型）と和解型（対税型）の2つがあり，法人税基本通達9-6-1⑵では，「特別清算に係る協定の認可の決定があった場合」と規定されていることから，協定型（本来型）を意味します。

　かつては，和解型（対税型）の特別清算を利用した場合であっても，法人税基本通達9－6－1(2)に該当するものとして処理していた事案が多かったように思われます。しかし，東京高判平成29年7月26日TAINSコードＺ267-13038では，法人税基本通達9－6－1(2)の適用を認めずに，同通達9－6－1(4)または9－4－1で判断すべきものと判示しました。ただし，同通達9－6－1(4)は，債権の一部を放棄する場合であっても適用できるといわれていますが，債権放棄をした債権の全額が回収不能であることが明らかであることが要件とされていることから，主要債権者以外の債権者であれば該当することが想定されるものの，主要債権者や親会社が同通達の適用をするためにはハードルが高いことから，実務上は，同通達9－4－1により判断することが多いと思われます。なお，本書では，法人税基本通達9－6－1の要件を満たす損失を「貸倒損失」と表記し，法人税基本通達9－4－1の要件を満たす損失を「子会社整理損失」と表記しています。

　法人税基本通達9－4－1（子会社等を整理する場合の損失負担等）の具体的な規定内容は以下のとおりです。

> 　法人がその子会社等の解散，経営権の譲渡等に伴い当該子会社等のために債務の引受けその他の損失負担又は債権放棄等（以下9－4－1において「損失負担等」という。）をした場合において，その損失負担等をしなければ今後より大きな損失を蒙ることになることが社会通念上明らかであると認められるためやむを得ずその損失負担等をするに至った等そのことについて相当な理由があると認められるときは，その損失負担等により供与する経済的利益の額は，寄附金の額に該当しないものとする。

　また，法人税基本通達9－4－1が設けられた趣旨として，かつての国税庁HPタックスアンサーでは，以下のように記載されていました（本書校了段階では削除されています）。

> 　法人税の執行上，民商法重視の立場に立てば親子会社といえどもそれぞ

れ別個の法人ですから，仮に子会社が経営危機に瀕して解散等をした場合で
あっても，親会社としては，その出資額が回収できないにとどまり，それ以
上に新たな損失負担をする必要はないという考え方があります。しかしなが
ら，一口に子会社の整理といっても，親会社が，株主有限責任を楯にその親
会社としての責任を放棄するようなことが社会的にも許されないといった状
況に陥ることがしばしば生じ得ます。

　つまり，親会社が子会社の整理のために行う債権の放棄，債務の引受けそ
の他の損失負担については，一概にこれを単純な贈与と決めつけることがで
きない面が多々認められるということであり，このようなものについて，そ
の内容いかんにかかわらず，常に寄附金として処理する等のことは全く実態
に即さないといえます。

　（途中省略）

　そこで，そのようなものについては，税務上も正常な取引条件に従って行
われたものとして取り扱い，寄附金としての認定課税をしない旨を明らかに
したものです。

　すなわち，子会社の解散のために多額の損失負担をした場合であっても，そ
の損失負担をしなければ今後より大きな損失を蒙ることになることが社会通念
上明らかであると認められるためやむを得ずその損失負担をするに至った等そ
のことについて相当な理由があると認められる場合には，子会社整理損失と
して損金の額に算入することが認められています。

④　特別清算手続き

　特別清算手続きでは，通常清算手続きと同様に，株主総会の特別決議が必要
になります（会社法309②十一，471三）。そのうえで，管轄裁判所に対して特
別清算手続きの申立てを行います（会社法511）。

　なお，特別清算手続きを行う場合には，2か月以上の債権申出期間を設定し，
公告及び催告を行う必要があります（会社法499①）。

⑵　通常清算により債権が切り捨てられた場合

　法人税基本通達9－6－1⑵では，特別清算を行った場合について定められていますが，通常清算を行った場合については定められていません。

　そのため，通常清算を行った場合の貸倒損失または子会社整理損失の損金性は，同通達9－6－1⑷または9－4－1で判断します。具体的な取扱いは，⑴②の和解型の特別清算と変わりません。

> **Point!**
> ☑　解散に伴って親会社や主要債権者が債権放棄を行う場合には，法人税基本通達9－4－1により判断し，それ以外の債権者が債権放棄を行う場合には，同通達9－6－1⑷により判断します。

⑶　小口債権者に比べて多額の負担をする場合

　小口債権者に負担を求めないことは，迅速な清算処理を行うという経済合理性があるだけでなく，法的整理でも行われることがあることから，子会社整理損失として認められることが多いと思われます。

⑷　他の主要債権者に比べて多額の負担をする場合

　他の主要債権者に負担を求めないことについて，社会通念上，やむを得ない事情があると認められる場合には，子会社整理損失として認められます。

⑸　清算のための追加コストを負担する場合

　法人税基本通達9－4－1に定める「債務の引受けその他の損失負担」に該当することから，子会社整理損失として認められることが多いと思われます。

第 10 章 子会社支援は第2会社方式のみを理解する

 本章のポイント

- 子会社支援の方法として，債権放棄，第三者割当増資，DES，擬似DESなどが挙げられますが，それぞれ税務上の問題があるため，現在では第2会社方式が採用されることがほとんどです。

1 第2会社方式しか採用されていない理由

債務超過の子会社に対する支援の手法としては，

① 債権放棄

② 金銭出資

③ DES

④ 擬似DES

⑤ 第2会社方式

が挙げられます。

子会社支援を行う場合には，子会社支援によって生じた損失を親会社において損金の額に算入できるか否かという点が問題になります。

この点につき，①債権放棄，③非適格現物出資に該当するDESでは，合理的な再建計画に該当する場合にのみ損金の額に算入することができ（法基通2－3－14，9－4－2），それ以外の場合には寄附金として処理されます。しかし，合理的な再建計画に該当させるためのハードルは極めて高く，あまり現実

的な手法とはいえません。

　また，②金銭出資，③適格現物出資に該当するDES，④擬似DESでは，金銭出資等により払い込んだ金額に対して，有価証券評価損の計上が認められていません（法基通9－1－12）。そのため，有価証券の取得価額に算入されたままの状態になってしまいます。

　したがって，現在では，⑤第2会社方式のみが現実的な手法であるといわれています。

　第2会社方式とは，事業譲渡または会社分割により，赤字子会社の資産とそれに相当する負債を受皿会社に対して譲渡し，残った赤字子会社の負債を清算手続きにより切り捨てさせる手法をいいます。

■第2会社方式

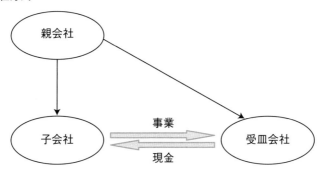

　赤字子会社が清算した場合において，その赤字子会社に対する債権放棄や債務引受に係る損失が，法人税法上，寄附金に該当したときは，完全支配関係のある内国法人及び国外関連者に対するものである場合にはその全額，それ以外の者に対するものである場合には損金算入限度額を超える部分の金額が損金の額に算入することができません（法法37①，②，措法66の4③）。

　そのため，第9章で解説したように，子会社の整理により生じる損失の負担をしなければ，今後より大きな損失を蒙ることになることが社会通念上明らかである場合にのみ，法人税基本通達9－4－1の規定により，損金の額に算入

することができると考えられます。この点につき，通常清算の事案ではありますが，東京国税局調査第一部調査審理課『Q&A不良債権処理の税務判断』175-176頁（ぎょうせい，平成7年）では，第一会社（旧会社）と第二会社（新会社）との間に，持株関係，商号，所在地，役員構成，従業員，資産内容，事業内容，事業形態などを総合的に勘案して，同一性のない場合について法人税基本通達9－4－1の適用を認め，同一性がある場合には適用を認めないものとされています。

　すなわち，子会社の事業を廃止する場合や経営権を譲渡する場合だけでなく，子会社の再生手段として第2会社方式を利用する場合であっても，第一会社（旧会社）と第二会社（新会社）との間に同一性がなければ，同通達9－4－1の適用を受けることができると考えられます。そして，東京高判平成29年7月26日により，通常清算であっても，特別清算（和解型）であっても，第2会社方式を採用した場合には，同通達9－4－1により判断することが明らかになったため，第一会社（旧会社）と第二会社（新会社）との間における同一性の排除は，かなり重要になったといえます。そのため，実務上，①社名を変更したり，②固定資産を受皿会社ではなく，親会社に譲渡したり，③従業員の退職金を打切支給したり，④従業員の整理解雇を行ったり，⑤役員構成を変えたりすることにより，同一性の排除を行う必要があります。ただし，同一性の排除の結果，第2会社方式により，今後より大きな損失を蒙ることが回避できたことが前提となる点にご留意ください。

2　完全子会社に対する支援

　平成22年度税制改正前は，完全子会社（100％子会社）が解散し，残余財産が確定した場合には，親会社が保有する子会社株式が消却され，当該親会社における課税所得の計算上，当該子会社株式の消却による損失が損金の額に算入されていました。

　しかし，グループ法人税制の導入に伴い，完全子会社を解散した場合には，

当該完全子会社に対する株式消却損を認識することができなくなりました（法法61の2⑰）。そして，繰越欠損金の引継制限（法法57③）が課される場合を除き，当該完全子会社の繰越欠損金を親会社に引き継ぐことができるようになりました（法法57②）。このように，完全子会社の清算は，完全子会社との適格合併と似たような取扱いになります。

　これに対し，子会社整理損失については，特に改正がなされませんでした。そのため，親会社において子会社整理損失に係る損金の額が発生した場合には，子会社において債務免除益に係る益金の額が発生し，当該債務免除益と相殺された後の繰越欠損金が親会社に引き継がれることになります。

　すなわち，子会社の債務超過額が100であり，繰越欠損金が300である場合には，親会社において100の子会社整理損失，子会社において100の債務免除益が発生し，債務免除益と相殺後の繰越欠損金200が親会社に引き継がれることになります。

③　実務上の処理

　上記のように第2会社方式により子会社の支援を行うことが一般的ですが，スムーズに清算するためには，債権者同士に争いが生じない形にしておくことが望ましいと思われます。

　最終事業年度の住民税均等割のように，やむを得ず残ってしまう租税債務は仕方がないとして，それ以外の債務については，親会社が代位弁済をすることが望ましいと思われます。

　その結果，子会社の負債の部が租税債務と親会社からの債務だけになります。

　さらに，資産の部は，租税債務の弁済と清算費用の支払いに充当するための現金預金のみが残り，それ以外の資産をグループ会社に譲渡することにより換金すれば，清算手続きを円滑に進めることができます。

　このような，事前に代位弁済をしておく手法は，回収可能性のない債権を発生させていることから，寄附金に該当するのではないかという疑いを持たれる

かもしれません。

　この点については，法人税基本通達9－4－1が債権放棄以外の損失負担を認めていることから，同通達の要件を満たすことができれば，損金の額に算入することができると考えられます。

Point!

☑ 第2会社方式では，法人税基本通達9－4－1の要件を満たす必要があります。

第

グループ通算制度は時価評価課税と繰越欠損金を理解する

章

 本章のポイント

- グループ通算制度の開始，加入，離脱または取止めに伴って，みなし事業年度を設ける必要があります。
- グループ通算制度の開始または加入に伴って，時価評価課税と繰越欠損金の切捨てが行われることがあります。
- グループ通算制度からの離脱または取止めに伴って，投資簿価修正が必要になります。

1 グループ通算制度の基本的な考え方

　平成14年度に連結納税制度が導入されましたが，単純に各連結法人の所得金額及び欠損金額を合算する制度ではなく，連結納税グループ全体で課税所得や税額控除等を計算する制度であったことから，かなり複雑な制度であるという批判がありました。

　これに対応し，令和2年度税制改正により，令和4年4月1日以後開始する事業年度からは，連結納税制度からグループ通算制度に移行することになりました。

　グループ通算制度では，完全支配関係がある内国法人間で損益通算を行うという連結納税制度の基本的な考え方は維持しながらも，個別申告方式を採用することで制度の簡素化が図られています。そして，グループ通算制度では，個

別申告方式を採用することで，通算グループ全体で計算する項目を減らすだけ
でなく，修正申告や更正が行われた場合であっても，他の通算法人の課税所得
や法人税額の計算に影響を与えないように，遮断措置が設けられています。

　なお，グループ通算制度は，連結納税制度と同様に，原則として継続適用と
なっており，一度選択すると簡単に単体納税制度に戻ることができないため，
適用の判断に際しては慎重に検討を行う必要があります。

Point!

☑　グループ通算制度では，個別申告方式を採用することで，通算グループ全体
で計算する項目を減らすだけでなく，修正申告や更正が行われた場合であって
も，他の通算法人の課税所得や法人税額の計算に影響を与えないようにしてい
ます。

2　グループ通算制度の適用範囲

　グループ通算制度に加入することができる通算子法人は，通算親法人による
完全支配関係がある他の内国法人（普通法人に限ります）に限定されています
（法法64の9①）。ただし，通算除外法人（再加入制限を受けている法人や破産
手続き開始の決定を受けた法人など一定の法人）や外国法人が介在するような
場合には，通算子法人になることはできません。

　そして，通算親法人による完全支配関係がある内国法人のすべてをグループ
通算制度に加入させる必要があることから，一部の100％子会社をグループ通
算制度から除外することはできません。

Point!

☑　通算親法人による完全支配関係がある内国法人のすべてをグループ通算制度
に加入させる必要があるため，一部の100％子会社をグループ通算制度から除
外することはできません。

③ グループ通算制度の承認の申請書

(1) 原則的な取扱い

　グループ通算制度を開始する場合には，通算親法人となる法人の最初通算事業年度開始の日の３か月前の日までに，通算親法人となる法人及びすべての通算子法人となる法人の連名でグループ通算制度の承認の申請書を通算親法人となる法人の納税地の所轄税務署長を経由して国税庁長官あてに提出し，その承認を受ける必要があります（法法64の９①②，法規27の16の８①）。

　すなわち，３月決算法人が令和５年４月１日から令和６年３月31日までの事業年度からグループ通算制度を導入するためには，令和４年12月31日までに申請書を提出する必要があります。

(2) 特　例

　通算親法人となる法人の設立事業年度またはその翌事業年度からグループ通算制度を開始する場合には，新設親法人の特例が定められています（法法64の９⑦）。しかしながら，グループ通算制度を開始する前に株式移転を行う場合を除き，この特例を適用することは考えにくいため，本書では詳細な解説は省略します。

> **Point!**
> ☑　グループ通算制度を開始するためには，最初通算事業年度開始の日の３か月前の日までに申請書を提出する必要があります。

④ グループ通算制度の申告及び納付

　前述のように，グループ通算制度では個別申告方式が採用されているため，それぞれの法人が法人税の申告及び納付を行う必要がありますが，申告期限を

2か月延長することができるという特徴があります（法法75の2①⑪）。

> **Point!**
> ☑　グループ通算制度では個別申告方式が採用されているため，それぞれの法人が法人税の申告及び納付を行う必要があります。

5　課税所得の計算

(1)　損益通算

　グループ通算制度では，プロラタ方式により損益通算を行います。具体的には，「グループ通算制度に関するQ&A（国税庁，令和3年6月改訂）」94頁（問49　通算制度の当初申告における損益通算の計算はどのように行うのですか。）にあるように，A社の所得金額が500，B社の所得金額が100，C社の欠損金額が△50，D社の欠損金額が△250である場合には，所得金額の合計が600，欠損金額の合計が△300になるので，欠損金額をプロラタ計算により，A社に△250（＝△300×500÷600），B社に△50（＝△300×100÷600）を配分した結果，A社の所得金額が250（＝500－250），B社の所得金額が50（＝100－50）になります。

　そして，同資料95頁にあるように，欠損金額のほうが大きい場合，具体的には，A社の所得金額が250，B社の所得金額が50，C社の欠損金額が△500，D社の欠損金額が△100である場合には，損益通算後の欠損金額が△300（＝250＋50＋△500＋△100）になるため，これをプロラタ計算により配分し，C社の欠損金額が△250（＝△300×△500÷△600），D社の欠損金額が△50（＝△300×△100÷△600）になります。

(2)　修正申告及び更正

　グループ通算制度では，修正申告及び更正の場合には，損益通算できる損失

等の額を当初申告額に固定することにより，通算グループ内の他の通算法人の所得金額及び法人税額の計算に反映させない仕組みになっています。

すなわち，「グループ通算制度に関するQ&A（国税庁，令和3年6月改訂）」101頁（問51　所得の金額が当初申告と異なることとなった場合の損益通算の取扱い）にあるように，当初申告におけるA社の所得金額が500，B社の所得金額が100，C社の欠損金額が△50，D社の欠損金額が△250である場合において，D社が300の増額更正を受けたときは，A社，B社が法人税の追徴を受けるのではなく，D社が300に対する法人税の追徴を受けます。

D社が減額更正を受けたときは，A社及びB社との損益通算ができないため，D社の繰越欠損金として引き継ぎ，翌期以降のA社，B社，C社及びD社の課税所得と通算することになります。

しかしながら，あえて誤った当初申告を行うという租税回避が考えられることから，法人税の負担を不当に減少させることとなると認められるときは，職権更正において，プロラタ方式で全体を再計算することが認められています（法法64の5⑧）。

⑥　地方税の取扱い

住民税及び事業税には，グループ通算制度は導入されていません。

ただし，住民税法人税割は法人税額を基礎に計算することから，法人税の計算においてグループ通算制度の開始または加入前に切り捨てられた繰越欠損金があれば，住民税法人税割の計算において復活させる必要があります。そのため，住民税独自の概念として，「控除対象通算適用前欠損調整額」「控除対象合併等前欠損調整額」が導入されています（地法53④⑨，321の8④⑨）。

さらに，グループ通算制度の適用により損益通算が行われ，欠損金額が他の通算法人の所得から控除された場合や，繰越欠損金が他の通算法人で損金算入された場合には，法人税においてグループ通算制度の適用により繰越欠損金を構成しなかった部分の金額について，住民税の計算上，繰越欠損金を復活させ

る必要があることから，「控除対象通算対象所得調整額」「控除対象配賦欠損調整額」が導入されています（地法53⑭⑳，321の8⑭⑳）。

> **Point!**
> ☑　住民税及び事業税では，グループ通算制度が導入されていないことから，損益通算を行うことはできません。

７　グループ通算制度の開始または加入

(1)　基本的な取扱い

　グループ通算制度を開始した場合には，原則として，グループ通算制度開始前の事業年度において，時価評価課税と繰越欠損金の切捨てが行われるという特徴があります。さらに，グループ通算制度を開始した後に，他の内国法人に対する通算親法人による完全支配関係が成立した場合には，当該他の内国法人がグループ通算制度に加入することから，グループ通算制度を開始した場合と同様に，グループ通算制度加入前の事業年度において，原則として，当該他の内国法人の保有する資産に対する時価評価課税と繰越欠損金の切捨てを行います。

> **Point!**
> ☑　グループ通算制度の開始または加入をした場合には，原則として，時価評価課税と繰越欠損金の切捨てが行われます。

(2)　みなし事業年度

　グループ通算制度を開始する場合には，事業年度開始の日から最初通算親法人事業年度開始の日の前日までの期間をみなし事業年度として単体申告を行う必要があります（法法14④一，64の9⑥）。

　さらに，すでにグループ通算制度を開始している通算親法人との間に当該通算親法人による完全支配関係を有することとなった場合には，当該完全支配関係を有することとなった日がグループ通算制度への加入日となることから，当該加入日の前日の属する事業年度開始の日からその前日までの期間がみなし事業年度となり，加入日から通算親法人事業年度終了の日までの期間がみなし事業年度となります（法法14④一，64の9⑪）。

　ただし，事務の簡素化のために，完全支配関係を有することとなった日の前日の属する月次決算期間または会計期間の末日の翌日を承認の効力発生日及び事業年度開始の日とすることが認められています（法法14⑧一，64の9⑪）。

Point!

☑　グループ通算制度に加入した場合には，①完全支配関係を有することとなった日，②完全支配関係を有することとなった日の前日の属する月次決算期間の末日の翌日，③完全支配関係を有することとなった日の前日の属する会計期間の末日の翌日のいずれかを加入日とすることができます。

(3)　時価評価課税

　グループ通算制度の特徴の1つとして，グループ通算制度の開始または加入に伴う時価評価課税が挙げられます（法法64の11，64の12）。また，時価評価対象資産として，固定資産，土地（土地の上に存する権利を含み，固定資産に該当するものを除きます），有価証券，金銭債権及び繰延資産が挙げられます。

　ただし，以下の法人については，時価評価課税の対象から除外されています。

(i)　グループ通算制度の開始に伴う時価評価
　イ．通算親法人となる法人との間に完全支配関係の継続が見込まれる通算子法人となる法人
　ロ．いずれかの通算子法人となる法人との間に完全支配関係の継続が見込まれる通算親法人となる法人

(ⅱ)　グループ通算制度の加入に伴う時価評価
　　　イ．適格株式交換等により加入した株式交換等完全子法人
　　　ロ．通算グループ内の新設法人
　　　ハ．適格組織再編と同様の要件として次の要件（加入の直前に支配関係が
　　　　　ある場合には，(イ)から(ハ)までの要件）のすべてに該当する法人
　　　　(イ)　通算親法人との間の完全支配関係継続要件
　　　　(ロ)　従業者従事要件
　　　　(ハ)　事業継続要件
　　　　(ニ)　通算グループ内のいずれかの法人との間の事業関連性要件
　　　　(ホ)　事業規模要件または特定役員引継要件

Point!

☑　実務上，上記(ⅱ)ハに該当することにより，グループ通算制度の加入に伴う時
　価評価の対象から除外される法人が多いと思われます。

(4)　繰越欠損金

①　時価評価課税の対象となる法人

　グループ通算制度の開始または加入前に時価評価課税の対象になる法人が有
していた繰越欠損金は切り捨てられます（法法57⑥）。

②　時価評価課税の対象とならない法人

　グループ通算制度の開始または加入前に時価評価課税の対象とならない法人
が有していた繰越欠損金については，グループ通算制度の開始または加入後で
あっても，その法人の個別所得の範囲を限度として使用することが認められて
いるものの（法法64の7②一），他の通算法人の所得との通算が認められてい
ません。このような繰越欠損金を「特定欠損金」といいます。
　さらに，組織再編税制との整合性の観点から，支配関係が生じてから5年以

内であり，かつ，みなし共同事業要件を満たさない場合には，一定の制限が設けられています。実務上，このような制限を受けることは稀であることから，本書では詳細な解説は省略します。

(5)　連結納税制度からグループ通算制度へ移行する場合

　連結納税制度を採用している連結法人が，グループ通算制度へ自動移行する場合には，グループ通算制度の新たな開始としては取り扱われないため，時価評価課税や繰越欠損金の切捨ての問題は生じません（R2改正法附則20⑪，27①，30②④，31①）。

　また，連結納税制度における非特定連結欠損金個別帰属額は，グループ通算制度へ移行しても非特定欠損金（通算グループ全体で使用可能な欠損金）とみなされます（R2改正法附則28③）。

Point!

☑　グループ通算制度では，グループ通算制度を開始する前に通算親法人となる法人において生じた繰越欠損金も特定欠損金として取り扱われるため，通算子法人となる法人の所得との損益通算が認められていません。

☑　他の通算法人の所得との通算が認められているのは，グループ通算制度を開始または加入した後の繰越欠損金のみであるという点に注意しましょう。

8　グループ通算制度からの離脱または取止め

(1)　基本的な取扱い

　通算親法人による完全支配関係がある内国法人のすべてをグループ通算制度に加入させる必要があることから，通算子法人によるグループ通算制度からの離脱事由は以下のものに限られています（法法64の10⑥五，六）。

　また，グループ通算制度を開始した後は継続適用が要求されていることから，グループ通算制度の取止事由も以下のものに限られています（法法64の10⑥一

～四，七）。

グループ通算制度からの離脱事由
①　通算子法人の解散（合併または破産手続き開始の決定による解散に限ります）
②　通算子法人の残余財産の確定
③　通算子法人が通算親法人との間に当該通算親法人による完全支配関係を有しなくなったこと
④　通算子法人の青色申告の承認が取り消されたこと

グループ通算制度の取止事由
①　通算親法人の解散
②　通算親法人が公益法人等に該当することとなったこと
③　通算親法人と他の内国法人（普通法人または協同組合等に限ります）との間に当該他の内国法人による完全支配関係が生じたこと
④　通算親法人と他の内国法人（公益法人等に限ります）との間に当該他の内国法人による完全支配関係がある場合において，当該他の内国法人が普通法人または協同組合等に該当することとなったこと
⑤　通算法人が通算親法人のみとなったこと
⑥　やむを得ない事由があることにより，取止めについての国税庁の承認を受けたこと（法法64の10①）
⑦　通算親法人の青色申告の承認が取り消されたこと（法法64の10⑤）

(2)　みなし事業年度

　通算子法人が通算親法人との間に当該通算親法人による完全支配関係を有しないこととなった場合には，当該完全支配関係を有しないこととなった日がグループ通算制度からの離脱日になります。そのため，事業年度開始の日から離脱日の前日までの期間をみなし事業年度とし，離脱日から事業年度終了の日ま

での期間をみなし事業年度とします（法法14④二）。なお，事業年度開始の日に離脱した場合を除き，事業年度開始の日から離脱日の前日までの期間については，他の通算法人との損益通算を行うことはできません（グ通通 2 – 20）。

　そして，グループ通算制度を取り止める場合にも，以下に掲げる日の前日でみなし事業年度を区切る必要があります（法法14②）。ただし，やむを得ない事由があることにより，取止めについての国税庁の承認を受けた場合には，その承認を受けた日の属する事業年度終了の日の翌日からグループ通算制度が取り止められることから（法法64の10④），みなし事業年度を区切る必要はありません。

---

① 　通算親法人が解散した場合には，解散の日の翌日（合併による解散の場合には，合併の日）

② 　通算親法人が公益法人等に該当することとなった場合には，その該当することとなった日

③ 　通算親法人と他の内国法人（普通法人または協同組合等に限ります）との間に当該他の内国法人による完全支配関係が生じた場合には，その完全支配関係が生じた日

④ 　通算親法人と他の内国法人（公益法人等に限ります）との間に当該他の内国法人による完全支配関係がある場合において，当該他の内国法人が普通法人または協同組合等に該当することとなったときは，その該当することとなった日

⑤ 　通算法人が通算親法人のみとなった場合には，その通算親法人のみとなった日

---

(3)　時価評価課税

　原則として，グループ通算制度から離脱する，または取り止める場合には，時価評価課税は課されません。しかしながら，以下の場合には，時価評価課税が課されます（法法64の13）。

> ①　離脱法人がその行う主要な事業について継続の見込みがない場合
> ②　離脱する通算子法人において，離脱後に税務上の帳簿価額が10億円を超える資産の譲渡等による損失を計上することが見込まれ，かつ，離脱する通算子法人の株式または出資を有する他の通算法人において，その法人の株式または出資の譲渡等による損失が計上されることが見込まれている場合

Point!

☑　離脱または取止めに伴う時価評価課税についても規定されていますが，適用される事案はそれほど多くはないと思われます。

(4)　繰越欠損金

　グループ通算制度から離脱する，または取り止める場合には，青色申告の承認が取り消される場合を除き，それぞれの法人の繰越欠損金は切り捨てられず，それぞれの法人の将来の課税所得から控除することができます。

　なお，連結納税制度と異なり，グループ通算制度では個別申告方式が採用されていることから，グループ通算制度における繰越欠損金を単体納税制度における繰越欠損金とみなす旨の規定はありません。

(5)　投資簿価修正

　グループ通算制度では，投資簿価修正の制度が導入されており，グループ通算制度から離脱する離脱法人の株式または出資の税務上の帳簿価額を当該離脱法人の税務上の簿価純資産価額に株式保有割合を乗じた金額に相当する金額に修正する必要があります（法令119の3⑤，119の4①）。

　なお，令和4年度税制改正により，通算開始または加入時点における資産調整勘定等に対応する金額について，離脱時の属する事業年度の確定申告書等にその計算に関する明細を添付し，かつ，その計算の基礎となる事項を記載した

書類を保存している場合には，投資簿価修正後の帳簿価額とされる通算子法人の簿価純資産価額に当該資産調整勘定等に対応する金額を加算することができる措置が設けられています（法令119の3⑥～⑧）。

> **Point!**
>
> ☑　原則として，投資簿価修正後の離脱法人の株式または出資の離脱直前の帳簿価額は，当該離脱法人の簿価純資産価額に相当する金額となります。

⑹　再加入制限

①やむを得ない事由があることによりグループ通算制度の取止めについての国税庁の承認を受けた場合（法法64の10①）または②青色申告の承認が取り消された場合（法法64の10⑤）には，グループ通算制度を再開することについて，5年間の制限が課されています（法法64の9①三，四，グ通通2－39）。

さらに，グループ通算制度から離脱した通算子法人が同一のグループ通算制度に加入することについても，5年間の再加入制限が課されています（法法64の9①十，法令131の11③一）。

なお，別のグループ通算制度に加入することについての再加入制限は課されていません（グ通通2－38）。

> **Point!**
>
> ☑　グループ通算制度を再開したり，同一のグループ通算制度に再加入したりすることについては，5年間の制限が課されています。

第12章 次へのステップのために

 本章のポイント

- ここでは，第１章から第11章までを理解した人の次へのステップの内容を解説します。なお，個別の事案では，条文を読み解きながら，慎重に対応していく必要があるという点にご留意ください。

① 組織再編税制をさらに理解するために

(1) M&Aのための組織再編

　第１章から第11章までのことを理解しておけば，組織再編税制の実務のうち，90％は対応することができるといえます。第12章では，残りの10％に対応したい人のための第一歩として，どのようなものを理解する必要があるのかについて解説を行います。

　まず，M&Aのために組織再編を利用する場合には，関連する組織再編税制がかなり複雑になります。例えば，以下の事例をご参照ください。

　以下では，Ｐ社の事業の一部，Ｓ社（Ｐ社の完全子会社），Ｙ社（Ｘ社の完全子会社）を統合することを目的にしています。そこで，Ｐ社からＳ社に対して吸収分社型分割を行い，その後，Ｓ社とＹ社を合併することを予定しています。

■ステップ1　P社からS社への吸収分社型分割

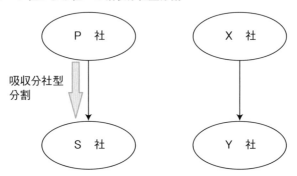

■ステップ2　S社を被合併法人とし，Y社を合併法人とする吸収合併

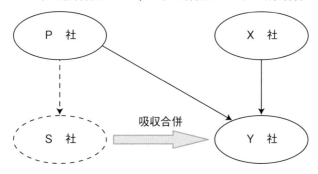

　実務上は，S社とY社の合併が，共同事業を行うための適格合併に該当するように，それぞれの要件を満たせるようにするでしょう。もちろん，無対価合併を行ってしまうと非適格合併に該当してしまうので，合併によりP社がY社株式の交付を受けることが前提です。

　これに対し，問題はP社からS社への吸収分割です。

　一見，グループ外の法人と合併することから，分割後に完全支配関係が継続する見込みがなく，完全支配関係での分割に該当しないように思えますが，実は完全支配関係での適格分割に該当します。

　なぜなら，法人税法施行令4条の3第6項1号ロにおいて，「当該分割後に他方の法人（当該分割法人及び分割承継法人のうち，当該いずれか一方の法人

以外の法人をいう。）を被合併法人又は完全子法人とする適格合併又は適格株式分配を行うことが見込まれている場合には，当該分割の時から当該適格合併又は適格株式分配の直前の時まで当該完全支配関係が継続すること。」と規定されていることから，分割承継法人を被合併法人とする適格合併を行うことが見込まれている場合には，完全支配関係の継続は当該適格合併の直前まででよいからです。

　すなわち，上記の事例では，Ｙ社とＳ社の適格合併の直前までＰ社とＳ社の完全支配関係が継続していれば適格分割に該当します。

　それでは，Ｓ社とＹ社の合併における合併法人がＳ社である場合を想定してみましょう。

　この場合には，分割承継法人を被合併法人とする適格合併を行うことが見込まれていないため，通常の取扱いになります。すなわち，被合併法人Ｙ社の株主であるＸ社にＳ社株式が割り当てられ，Ｐ社とＳ社の完全支配関係が継続することが見込まれていないため，合併後に，Ｐ社がＳ社の発行済株式総数の50％を超える数の株式を保有していれば支配関係での会社分割に該当し，50％以下になってしまう場合には非適格分割に該当する可能性が高くなってしまいます。

　このように，ストラクチャーの組成方法によって税制適格要件の判定が変わってくるという特徴があります。このような特殊な案件は，それぞれの事案によって異なるため，すべてを覚えるのは不可能です。したがって，それぞれの事案に応じ，条文を読み解きながら税制適格要件を検討していく必要があります。

⑵　本章での検討事項

　このほか，三角組織再編を行う場合，種類株式がある場合，新株予約権がある場合，資本もしくは出資を有しない法人などのように，組織再編税制では特殊な取扱いが定められています。さらに，外国税額控除や試験研究費の税額控除など，本書では取り扱わなかった論点もあります。

　また，クロスボーダーの組織再編では，税制適格要件の特例やコーポレート・インバージョン税制についての細かな検討が必要なうえ，日本の税制だけでなく海外の税制も影響してくるため，現地の税務専門家に確認する必要が出てきます。

　さらに，事業承継のための組織再編では，組織再編を行った結果，第2編で解説する相続税評価額への影響や事業承継税制への影響についても検討する必要があります。

　このように，組織再編税制をすべて理解するのは非常に困難である一方，M&Aの実務では，必ずしも組織再編税制は中心的な検討事項ではありません。むしろ，株式譲渡益，みなし配当の取扱いのほうが重要になります。

　したがって，本章では，あくまでも次へのステップのための第一歩となるものとして，グループ外の法人と合併する場合，支配関係が生じてから5年以内に合併する場合について解説を行います。

　会社分割や株式交換・移転を行った場合には，共同事業要件の判定が変わってきますが，類似の検討を行うことができるため，まずは理解しやすい合併についてのみ解説を行います。

　前述のように，第1章から第11章までで，組織再編税制の実務のうち，90％は対応することができます。とりわけ，本章のうち「支配関係が生じてから5年以内の合併」を理解することができれば，残りの10％のうち相当程度を理解したと言っても過言ではありません。

２　共同事業を行うための適格合併について理解する

(1)　概　要

　第1章で解説したように，共同事業を行うための適格合併に該当するためには，以下の要件を満たす必要があります。

(イ)　金銭等不交付要件

(ロ)　従業者引継要件

(ハ)　事業継続要件

(ニ)　事業関連性要件

(ホ)　事業規模要件または特定役員引継要件

(ヘ)　株式継続保有要件

　このうち，(ニ)事業関連性要件，(ホ)事業規模要件，特定役員引継要件，(ヘ)株式継続保有要件については第1章では解説していないため，これらの要件について解説を行います。

(2)　事業関連性要件

　共同事業を行うための適格合併の要件を満たすためには，「事業関連性要件」を満たす必要があります。具体的に，事業関連性要件を満たすためには，被合併法人の被合併事業と合併法人の合併事業とが相互に関連している必要があります（法令4の3④一）。

　ここで，被合併事業とは被合併法人の合併前に行う主要な事業のうちのいずれかの事業をいい，合併事業とは合併法人の合併前に行う事業のうちのいずれかの事業をいいます。

　このように，被合併法人または合併法人が複数の事業を行っている場合には，被合併事業または合併事業の判定が必要になりますが，ほとんどの事案では単一事業とみなすことができるため，このような論点を検討する必要があることはそれほど多くはありません。

　また，「相互に関連する」の意義について，法人税法施行規則3条1項2号，2項で規定されていますが，とりあえずは「シナジーがあること」という理解で問題ないと考えます。

> **Point!**
> ☑ 事業関連性は，シナジーの有無で判定します。

(3) 事業規模要件

① 基本的な取扱い

　共同事業を行うための適格合併の要件を満たすためには，「事業規模要件」または「特定役員引継要件」を満たす必要があります。

　具体的に，事業規模要件を満たすためには，被合併法人の被合併事業とそれに関連する合併法人の合併事業のそれぞれの売上金額，それぞれの従業者の数，被合併法人と合併法人のそれぞれの資本金の額もしくはこれらに準ずるものの規模の割合がおおむね5倍を超えないことが必要になります（法令4の3④二）。

　また，売上金額，従業者の数，資本金の額及びこれらに準ずるもののすべての規模の割合がおおむね5倍以内である必要はなく，いずれか1つのみがおおむね5倍以内であれば事業規模要件を満たします（法基通1－4－6㈲）。

　このうち売上金額及び従業者の数は，事業関連性要件で使用した被合併法人の被合併事業とそれに関連する合併法人の合併事業のみを比較します。したがって，会社全体の規模が大きく異なるにもかかわらず，被合併法人の被合併事業とそれに関連する合併法人の合併事業のそれぞれの売上金額，それぞれの従業者の数を比較すると，1：5の範囲内に収まることも考えられます。

　これに対し，資本金の額は，事業ごとに区分することが不可能なことから，被合併法人の資本金の額と合併法人の資本金の額を単純に比較することにより判定を行います。

② 売上金額の比較

　売上金額の規模を比較する際に問題になるのは，従業者の数や資本金の額と異なり，合併直前の一時点の売上金額だけではその会社の規模を把握するのに

適切とはいえず，ある程度の一定期間の売上金額によって規模を判定する必要があるという点です。

　通常のケースであれば，合併の直前の規模を把握するためには，なるべく短い期間の売上金額であることが望ましいといえます。しかしながら，季節変動の激しい事業や短期的に売上が増減するような事業もあるため，1週間や1か月の売上金額が会社の規模を正しく反映していないことも少なくなく，1年間の売上金額をもって会社の規模を把握すべきである場合も多いと考えられます。

　そのため，合併の直前までの間に異常な売上の増減がある場合を除き，合併の直前1年間の売上金額によって，事業規模要件を判定すべきであることが多いと思われます。

③　従業者の数の比較

　従業者の数の規模は，売上金額と異なり，合併の直前の従業者の数を比較します。この場合の「従業者」とは，「従業員」とは異なり「合併の直前において被合併法人の合併前に営む事業に現に従事する者」として定義されています（法基通1－4－4）。

　そのため，従業員だけでなく，取締役，監査役，執行役，出向受入社員，派遣社員，アルバイトやパートタイムで働いている者なども含まれます。また，他社に出向している者は，たとえ従業員であっても，合併法人または被合併法人の事業に従事していないので，「従業者」からは除かれます。

④　資本金の額の比較

　資本金の額の規模も，合併の直前の資本金の額で比較します。この場合の「資本金の額」とは，会社法上の資本金の額をいうため，法定準備金や剰余金は含まれません。そのため，簿価純資産価額が大きく異なるにもかかわらず，資本金の額の規模の割合が5倍以内であることを理由として，事業規模要件を満たしてしまう事案も少なくありません。

　また，実務上，売上金額及び従業者の数は，合併直前まで規模が変動するこ

とが多いため，まずは，資本金の額の規模の割合が5倍以内であるか否かを判定し，資本金の額で事業規模要件を満たせない場合にのみ，売上金額または従業者の数の規模を把握することがほとんどです。

⑤　これらに準ずるものの規模の割合

法人税基本通達1-4-6では，「これらに準ずるものの規模」とは，「例えば，金融機関における預金量等，客観的・外形的にその事業の規模を表すものと認められる指標」を指すとされています。

具体的にどのようなものが「客観的・外形的」にその事業の規模を表すのかについては明らかにされていませんが，その会社の属する業界において事業規模を表す指標として認識されている指標があれば，それを使用することができるといわれています。

> **Point!**
> ☑　事業規模要件は，売上金額，従業者の数，資本金の額及びこれらに準ずるもののうち，いずれか1つのみがおおむね5倍以内であれば満たすことができます。

(4)　特定役員引継要件

①　基本的な取扱い

共同事業を行うための適格合併の要件を満たすためには，「事業規模要件」または「特定役員引継要件」を満たす必要があります。

具体的に，特定役員引継要件を満たすためには，合併前の被合併法人の特定役員のいずれかと合併法人の特定役員のいずれかとが，合併後に合併法人の特定役員になることが見込まれていることが必要になります（法令4の3④二）。

この場合，「いずれかと」と規定されていることから，被合併法人の特定役員1人以上と合併法人の特定役員1人以上が，合併後に合併法人の特定役員になることが見込まれていればよいため，全員が合併後に合併法人の特定役員に

なることまでは要求されていません。

　ただし，合併法人の特定役員だけが合併後の特定役員になり，被合併法人の特定役員が合併後の特定役員にならない場合には，特定役員引継要件を満たしません。

　なお，特定役員がいつまで勤務する必要があるのかについて議論になりやすいですが，自然な退職である限り，原則として通常の任期を全うすれば問題ないと考えられています。

②　特定役員の定義

　特定役員とは，社長，副社長，代表取締役，代表執行役，専務取締役，常務取締役またはこれらに準ずる者で法人の経営に従事している者をいいます（法令4の3④二）。

　したがって，取締役のうち常務取締役以上の職位であれば，原則として特定役員に該当すると考えられます。

　しかし，副社長，専務取締役，常務取締役という制度は会社法において制度化されたものではないため，副社長，専務取締役，常務取締役としての内部組織上の職位，権限等が明らかにされないまま単なる通称として使用しているケースも少なくなく，このような場合においても特定役員として取り扱うべきかについて疑問が生じます。

　そのため，副社長，専務取締役，常務取締役は，単なる通称ではなく，定款等の規定または総会もしくは取締役会の決議等により常務取締役等としての職制上の地位が付与された役員に限られると考えられます（法基通9－2－4）。

③　これらに準ずる者

　さらに，特定役員は，会社法上の取締役に限定されず，常務取締役以上の役員に準ずる者も含まれます。

　この場合の「準ずる者」とは，役員または役員以外の者で，社長，副社長，代表取締役，代表執行役，専務取締役または常務取締役と同等に法人の経営の

中枢に参画している者であるとしています（法基通1－4－7）。

　すなわち，会社法上の取締役ではなくても，CEOやCOOのように，社長，副社長と同等に経営を行っている場合には，「準ずる者」として特定役員として認められると考えられます。

④　被合併法人と合併法人の特定役員を兼務している場合

　合併の直前において被合併法人の特定役員であり，かつ，合併法人の特定役員である者が，合併後に合併法人の特定役員になることが見込まれている場合に特定役員引継要件を満たすことができるか否かという点が問題になります。

　この点については，条文上は否定されていないことや，ヤフー事件（最一小判平成28年2月29日TAINSコードZ888-1984）でも，被合併法人と合併法人の特定役員を兼務している場合であっても特定役員引継要件を満たすことを前提として争われているため，特定役員引継要件を満たすことができると考えられます。

> **Point!**
> ☑　お互いの常務以上の役員を1人以上それぞれ引き継ぐ場合には，特定役員引継要件を満たすことができます。

(5)　株式継続保有要件

　共同事業を行うための適格合併の要件を満たすためには，「株式継続保有要件」を満たす必要があります。

　ただし，合併の直前の被合併法人の発行済株式総数の50％超を直接または間接に保有する株主（株主が個人である場合には，親族等が保有する株式を含む）がいない場合には，株式継続保有要件を満たす必要はありません。

　株式継続保有要件を満たすためには，被合併法人の発行済株式総数の50％超を支配する株主が，その交付を受けた合併法人株式の全部を継続して保有することが見込まれていることが必要になります（法令4の3④五）。

　実務上は，被合併法人に支配株主がいないことの多い上場会社では，株式継続保有要件を満たす必要がなく，被合併法人に支配株主がいることの多い非上場会社では，当該支配株主が合併法人株式を継続して保有することが見込まれていることが必要になる場合が多いと思われます。

Point!

☑　被合併法人の支配株主が，合併後の合併法人株式を継続して保有することが見込まれている必要があります。

---

③　支配関係が生じてから5年以内の合併について理解する

(1)　概　要

　ここまで，共同事業を行うための適格合併の要件について解説してきました。しかし，実務上，グループ外の法人と合併を行うことはほとんどありません。むしろ，M&Aにより株式を買い取ってから合併を行うことのほうがはるかに多いと思われます。そのため，「支配関係が生じてから5年以内の合併」を理解すれば，組織再編税制のほとんどを理解したといっても過言ではありません。

　第1章で解説したように，支配関係が生じてから5年を経過していない場合には，繰越欠損金の引継制限，使用制限，特定資産譲渡等損失の損金不算入がそれぞれ適用されます。そして，被合併法人の繰越欠損金，資産の含み損だけでなく，合併法人の繰越欠損金，資産の含み損についても制限されます。

　なお，自ら設立した法人との合併では，支配関係が生じてから5年を経過していない場合であっても，一部の特殊なケースを除き，繰越欠損金の引継制限，使用制限，特定資産譲渡等損失の損金不算入は適用されません（詳細は「第1章⑤(3)　新設法人との合併」を参照してください）。

　具体的な繰越欠損金の引継制限，使用制限の判定は，以下のフローチャートにより行われます。

■繰越欠損金の引継制限・使用制限の判定フローチャート

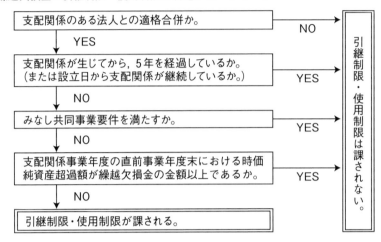

特定資産譲渡等損失の損金不算入についても，以下のフローチャートにより判定されます。

■特定資産譲渡等損失の損金不算入の判定フローチャート

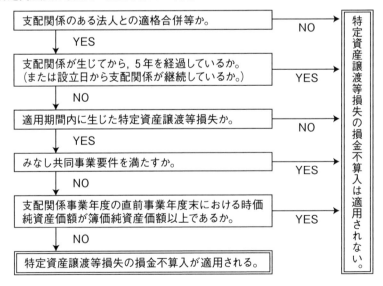

　このように，みなし共同事業要件を満たすことができれば，繰越欠損金の引継制限，使用制限，特定資産譲渡等損失の損金不算入は適用されません。したがって，実務上，まずはみなし共同事業要件の判定を行うことになります。具体的に，みなし共同事業要件を満たすためには以下の要件を満たす必要があります（法令112③，⑩）。

---

① 　事業関連性要件

② 　事業規模要件

③ 　事業規模継続要件

④ 　②③を満たさない場合には，特定役員引継要件

　このうち，①②は，「**2**　共同事業を行うための適格合併について理解する」で解説した共同事業を行うための適格合併の要件と変わらないため，以下では，③④についてのみ解説を行います。

(2)　事業規模継続要件

　吸収合併における事業規模継続要件の内容は，以下のとおりです。

---

① 　被合併事業が被合併法人と合併法人との間に最後に支配関係があることとなった時から適格合併の直前の時まで継続して行われており，かつ，最後に支配関係があることとなった時と適格合併の直前の時における被合併事業の規模の割合がおおむね２倍を超えないこと　（法令112③三，⑩）

② 　合併事業が合併法人と被合併法人との間に最後に支配関係があることとなった時から適格合併の直前の時まで継続して行われており，かつ，最後に支配関係があることとなった時と適格合併の直前の時における合併事業の規模の割合がおおむね２倍を超えないこと　（法令112③四，⑩）

　このような事業規模継続要件が課されている趣旨は，事業規模要件を満たさない場合において，合併直前に規模を増減させることにより，事業規模要件を形式的に満たそうとする行為を規制するためです。そのため，事業規模継続要

件で判定する指標は，事業規模要件の判定において用いた指標に限られています。

　例えば，資本金の額について事業規模要件を満たすと判定された場合には，事業規模継続要件が要求されるのは資本金の額のみであり，売上金額及び従業者の数に対しては，事業規模継続要件は課されません。

　したがって，事業関連性要件を満たしている場合において，売上金額，従業者の数，資本金の額もしくはこれらに準ずるもののうち，事業規模要件と事業規模継続要件の両方を満たす指標がいずれか1つでもあれば，みなし共同事業要件を満たすことができます。

　また，事業規模要件と事業規模継続要件の両方を満たす指標がない場合において，みなし共同事業要件を満たすためには，特定役員引継要件を満たす必要があります。

■事業規模要件及び事業規模継続要件

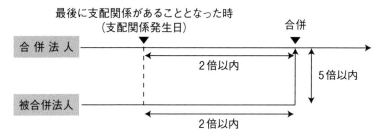

Point!

☑　事業関連性要件を満たしている場合において，売上金額，従業者の数，資本金の額もしくはこれらに準ずるもののうち，事業規模要件と事業規模継続要件の両方を満たす指標がいずれか1つでもあれば，みなし共同事業要件を満たすことができます。

(3) 特定役員引継要件

　吸収合併を行った場合において，特定役員引継要件を満たすためには，被合

併法人の適格合併前における特定役員である者のいずれかの者と，合併法人の
適格合併前における特定役員である者のいずれかの者とが当該適格合併後に合
併法人の特定役員となることが見込まれていることが必要です（法令112③五，
⑩）。

　一見，共同事業を行うための適格合併の判定と変わらないように思いますが，
特定役員が支配関係発生日前において役員または当該これらに準ずる者であっ
た者に限られるという点に留意が必要です。

　なぜなら，事業規模継続要件の判定と同様に，支配関係発生日以後に合併法
人の常務取締役を被合併法人の常務取締役として送り込み，その後に合併する
ような行為を規制する必要があるからです。

　なお，支配関係発生日前の時点では，特定役員に限定されていないため，支
配関係発生日前に役員になっており，合併の直前までに特定役員になっていれ
ば，特定役員引継要件を満たすことができます。

■特定役員引継要件

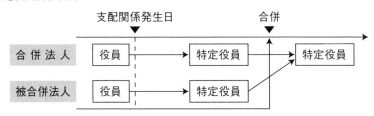

Point!

☑　特定役員は，支配関係発生日前の役員に限定されています。

4 みなし共同事業要件を満たすことができなかったら

(1) 合併を延期する手法

　実務上，支配関係が生じてから5年以内の合併であっても，みなし共同事業

要件を満たすことにより，繰越欠損金の引継制限，使用制限，特定資産譲渡等損失の損金不算入が適用されない事案は数多く存在します。

　これに対し，みなし共同事業要件を満たさない場合には，他の方法を検討する必要があります。

　まず，考えられるものとして，

①　支配関係が生じてから5年待つ方法

②　繰越欠損金を使い切るまで待つ方法

③　特定資産譲渡等損失の損金不算入における適用期間が経過するまで待つ
　　方法

があります。このうち，特定資産譲渡等損失の損金不算入における適用期間は，以下のうち最も早い日までの期間とされています（法法62の7①）。

・合併事業年度開始の日以後3年を経過する日

・支配関係発生日以後5年を経過する日

　第1章で解説したように，特定資産譲渡等損失の損金不算入は，合併後に資産の含み損を実現させる行為を規制する目的で導入された制度です。ただし，合併後，永久に損金の額に算入することを禁止しているわけではなく，一定の適用期間が規定されています。したがって，合併後，適用期間が経過するのを待てば，特定資産譲渡等損失の損金不算入の適用を回避することができます。

　このように，①支配関係が生じてから5年待つ方法，②繰越欠損金を使い切るまで待つ方法は，合併を遅らせる方法，③特定資産譲渡等損失の損金不算入における適用期間が経過するまで待つ方法は，合併後の含み損の実現を遅らせる方法であるといえます。

　しかしながら，上記のような遅らせる方法が有効でない場合も少なくないため，以下では，それ以外の方法について解説を行います。

　※　上記のうち，支配関係が生じてから5年待つ方法については租税回避に該当するという考え方もあるため，注意しましょう。

⑵　時価純資産超過額または簿価純資産超過額がある場合の特例

　繰越欠損金の引継制限，使用制限，特定資産譲渡等損失の損金不算入について，下表の特例が認められています（法令113①④，123の9①⑥⑧）。

■時価純資産超過額または簿価純資産超過額がある場合の特例

		時価純資産超過額が繰越欠損金以上である場合	時価純資産超過額が繰越欠損金未満である場合	簿価純資産超過額がある場合
繰越欠損金	支配関係事業年度前の繰越欠損金	引継制限・使用制限は課されない。	時価純資産超過額を超える部分についてのみ，引継制限・使用制限が課される。	引継制限・使用制限が課される。
	支配関係事業年度以後の繰越欠損金	引継制限・使用制限は課されない。		特定資産譲渡等損失相当額のうち，簿価純資産超過額に相当する部分については，引継制限・使用制限が課される。
特定資産譲渡等損失の損金不算入		損金算入制限は課されない。		①　繰越欠損金の特例あり　損金算入制限は課されない。②　繰越欠損金の特例なし　簿価純資産超過額の範囲内で損金算入制限が課される。

用語解説

時価純資産超過額

　支配関係事業年度の前事業年度終了の時における時価純資産価額が簿価純資産価額以上である場合における，当該時価純資産価額から簿価純資産価額を減算した金額をいいます（法令113①一）。

簿価純資産超過額

　支配関係事業年度の前事業年度終了の時における時価純資産価額が簿価純資産価額に満たない場合における，当該満たない金額

をいいます（法令113①三）。

支配関係事業年度

最後に支配関係があることとなった日の属する事業年度をいいます（法令113①一，法法57③一）。

これらの特例を適用するためには，別表七（一）付表三「共同事業を行うための適格組織再編成等に該当しない場合の引継対象未処理欠損金額又は控除未済欠損金額の特例に関する明細書」，別表十四（六）付表一「支配関係事業年度開始日における時価が帳簿価額を下回っていない資産並びに時価純資産価額及び簿価純資産価額等に関する明細書」をそれぞれ添付するとともに，以下の書類を保存しておく必要があります（法令113②④，123の9②⑦⑧，法規26の2の2①，27の15の2①②）。

① 支配関係事業年度の前事業年度終了の時において有する資産及び負債の当該終了の時における価額及び帳簿価額を記載した書類
② 次に掲げるいずれかの書類で資産及び負債の前事業年度終了の時における価額を明らかにするもの
  イ その資産の価額が継続して一般に公表されているものであるときは，その公表された価額が示された書類の写し
  ロ 当該終了の時における価額を算定し，これを当該終了の時における価額としているときは，その算定の根拠を明らかにする事項を記載した書類及びその算定の基礎とした事項を記載した書類
  ハ イまたはロに掲げるもののほか，その資産及び負債の価額を明らかにする事項を記載した書類

このうち，時価純資産超過額がある場合の特例は注目に値します。

まず，時価純資産超過額がある場合には，特定資産譲渡等損失の損金不算入は適用されません。この場合において，合併時点で時価純資産超過額があるかどうかを判定するのではなく，支配関係事業年度の直前事業年度末に時価純資

産超過額があるかどうかを判定するという点に留意が必要です。

　次に，被合併法人に時価純資産超過額がある場合には，被合併法人から引き継いだ資産に対して特定資産譲渡等損失の損金不算入は適用されませんが，合併法人が合併前から有していた資産に対しては特定資産譲渡等損失の損金不算入が適用されてしまいます。

　したがって，合併法人が合併前から有していた資産について特定資産譲渡等損失の損金不算入が適用されないようにするためには，合併法人に時価純資産超過額があるかどうかの判定が必要になります。

　さらに，被合併法人の支配関係事業年度の直前事業年度末における時価純資産超過額が支配関係事業年度前の繰越欠損金の金額以上である場合には，繰越欠損金の引継制限は課されません（法令113①一，④）。

　この場合においても，合併時点の時価純資産超過額と繰越欠損金を比較するのではなく，支配関係事業年度の直前事業年度末の時価純資産超過額と繰越欠損金を比較するという点に留意が必要です。

　また，特定資産譲渡等損失の損金不算入と同様に，被合併法人の時価純資産超過額が繰越欠損金以上である場合には，被合併法人の繰越欠損金に対して引継制限が課されませんが，合併法人が合併前から有していた繰越欠損金に対しては繰越欠損金の使用制限が課されてしまいます。

　したがって，繰越欠損金の使用制限が課されないようにするためには，合併法人の時価純資産超過額が繰越欠損金以上かどうかの判定が必要になります。

■時価純資産超過額と繰越欠損金の比較

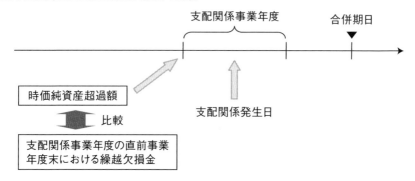

　さらに，時価純資産超過額が支配関係事業年度前の繰越欠損金の金額未満である場合であっても，支配関係事業年度以後の繰越欠損金は制限されませんし，支配関係事業年度前の繰越欠損金については時価純資産超過額を超える部分の金額のみが制限を受けます。

　そして，支配関係事業年度前の各事業年度における繰越欠損金のうち，最も古い事業年度から引継制限が課されます（法令113①二柱書）。さらに，同一事業年度の繰越欠損金であっても，支配関係事業年度以後の各事業年度で支配関係事業年度前の繰越欠損金を使った場合には，引継制限を受けるべき部分の金額から使用したものとみなされます（法令113①二イ，ロ）。

　このように，前述の繰越欠損金を使い切るまで待つ方法がかなり有効になります。具体的には，以下のケーススタディをご参照ください。

ケーススタディ

前提条件

- 時価純資産超過額　　1,500百万円
- 支配関係発生日　　　×4年10月1日
- 合併期日　　　　　　×7年10月1日

・被合併法人の繰越欠損金の状況

発生事業年度	発生金額	合併前までの使用額	合併直前の残高
×3年3月期	300百万円	300百万円	0百万円
×4年3月期	1,700百万円	600百万円	1,100百万円
合　計	2,000百万円	900百万円	1,100百万円

結　論

　支配関係事業年度の直前事業年度末における時価純資産超過額は1,500百万円であり，支配関係事業年度前の繰越欠損金の金額は2,000百万円です。そのため，引継制限を受ける金額は×3年3月期の繰越欠損金のうち300百万円と×4年3月期の繰越欠損金のうち200百万円です。

　しかし，適格合併を行う前に，被合併法人が繰越欠損金を使用していることから，×3年3月期の繰越欠損金は存在せず，×4年3月期の繰越欠損金（1,700百万円）のうち使用された600百万円は，引継制限を受ける200百万円の繰越欠損金から使用されたものとみなされます。

　上記の結果，繰越欠損金の引継制限を受けるべき金額は存在しないため，被合併法人の×4年3月期の繰越欠損金の残高1,100百万円は，引継制限のない繰越欠損金として引き継ぐことができます。

Point!

　☑　時価純資産超過額がある場合には，繰越欠損金の引継制限，使用制限，特定資産譲渡等損失の損金不算入の規定が緩和されています。

(3)　特定資産からの除外

①　繰越欠損金の引継制限・使用制限

　支配関係が生じてから5年以内に合併を行った場合において，みなし共同事

業要件も時価純資産超過額がある場合の特例も認められないときは，繰越欠損金の引継制限・使用制限がそれぞれ課されてしまいます。

　しかし，繰越欠損金の引継制限・使用制限の対象になったとしても，すべての繰越欠損金に対して制限が課されるわけではなく，以下の金額のみが引継制限・使用制限の対象になります（法法57③，④）。

一　支配関係事業年度前の繰越欠損金のすべて
二　支配関係事業年度以後の繰越欠損金のうち特定資産譲渡等損失相当額

　このうち，特定資産譲渡等損失相当額とは，特定資産譲渡等損失の損金不算入（法法62の7①）の規定の例により計算した場合に，損金算入制限の対象となる金額をいいます（法令112⑤一，⑪）。

　支配関係事業年度以後の繰越欠損金のうち，特定資産譲渡等損失相当額から除外されるものについては，繰越欠損金の引継制限・使用制限は課されません。そして，後述するように，特定資産から除外することで，特定資産譲渡等損失相当額を小さくすることが可能になります。

②　特定資産譲渡等損失の損金不算入

　特定資産譲渡等損失の損金不算入は，「特定資産」の「譲渡等」により生じた損失について制限されます。すなわち，特定資産から除外することができれば，特定資産譲渡等損失の損金不算入の対象から除外することができます。具体的に，特定資産とは支配関係発生日の属する事業年度開始の日前から有する資産をいいますが（法法62の7②），例外として，以下の資産は除外されています（法令123の8②，⑨）。

(i)　棚卸資産（土地，土地の上に存する権利を除く）
(ii)　短期売買商品等，売買目的有価証券
(iii)　税務上の帳簿価額または取得価額が1,000万円に満たない資産
(iv)　時価が税務上の帳簿価額以上である資産

　このように，特定資産を限定することにより，特定資産譲渡等損失の損金不算入の対象になる資産を限定することができます。

> **Point!**
> ☑　税務上の帳簿価額または取得価額が1,000万円に満たない資産，時価が税務上の帳簿価額以上である資産を特定資産から除外することができます。

5 欠損等法人について理解する

　平成18年度税制改正前は，繰越欠損金のあるペーパー会社を取得し，当該ペーパー会社で事業を開始することで，繰越欠損金を不当に利用するという租税回避が行われていました。そのため，平成18年度税制改正では，外部から繰越欠損金や含み損を有する欠損等法人を買収した場合において，支配日（50%超の資本関係〔特定支配関係〕が成立した日）から5年以内に，以下の(1)から(5)のいずれかに該当することになったときは，「特定株主等によって支配された欠損等法人の欠損金の繰越しの不適用（法法57の2）」，「特定株主等によって支配された欠損等法人の資産の譲渡等損失額の損金不算入（法法60の3）」がそれぞれ適用されることになりました。

　このように租税回避を規制するための措置であることから，以下の場合のみ適用されるため，実際に適用されるケースは極めて限定的です。

(1)　欠損等法人が支配日の直前において事業を営んでいない場合において，支配日以後に事業を開始すること

(2)　欠損等法人が支配日の直前において営む事業（以下，「旧事業」といいます）のすべてを当該支配日以後に廃止し，または廃止することが見込まれている場合において，当該旧事業の当該支配日の直前における事業規模のおおむね5倍を超える資金の借入れまたは出資による金銭その他の資産の受入れを行うこと

(3)　他の者または関連者が当該他の者及び関連者以外の者から欠損等法人に

　対する特定債権を取得している場合において，当該欠損等法人が旧事業の
　当該支配日の直前における事業規模のおおむね5倍を超える資金借入れ等
　を行うこと

⑷　⑴，⑵に規定する場合または⑶の特定債権が取得されている場合におい
　て，欠損等法人が自己を被合併法人とする適格合併を行い，または当該欠
　損等法人（他の内国法人との間に当該他の内国法人による完全支配関係が
　あるものに限ります）の残余財産が確定すること

⑸　欠損等法人が特定支配関係を有することとなったことに基因して，当該
　欠損等法人の当該支配日の直前の特定役員のすべてが退任（業務を執行し
　ないものとなることを含みます）をし，かつ，当該支配日の直前において
　当該欠損等法人の業務に従事する使用人（以下，「旧使用人」といいます）
　の総数のおおむね100分の20以上に相当する数の者が当該欠損等法人の使
　用人でなくなった場合において，当該欠損等法人の非従事事業（当該旧使
　用人が当該支配日以後その業務に実質的に従事しない事業をいいます）の
　事業規模が旧事業の当該支配日の直前における事業規模のおおむね5倍を
　超えることとなること

　本規定の適用を受ける事案はほとんどないと思われますが，思わぬ適用を受
けてしまうこともないとはいえないため，実務上，一応は検討する必要がある
と思われます。

第2編

事業承継

- 法人税及び所得税における取引相場のない株式の評価では，財産評価基本通達の取扱いを一部修正したうえで準用しています。
- 平成30年度税制改正で特例事業承継税制が導入されたことにより，自社株対策のほとんどは，特例事業承継税制を適用するだけの事案になります。そのため，特例事業承継税制に該当するものと該当しないものの区別が重要になります。
- 特例事業承継税制を適用したとしても，対象となる非上場株式等を譲渡したり，解散したりする場合には，猶予された税額を支払う必要が生じます。つまり，猶予された税額を支払わなければならない事由が生じたかどうかのモニタリングが重要になってきます。

第1章 取引相場のない株式の評価は，原則的評価方式と特例的評価方式を理解する

 本章のポイント

- 財産評価基本通達では，原則的評価方式と特例的評価方式が定められています。
- 法人税及び所得税における取引相場のない株式の評価では，財産評価基本通達の取扱いを一部修正したうえで準用しています。

1 相続税法

(1) 概 要

　財産評価基本通達では，原則的評価方式（財基通178〜187）と特例的評価方式（財基通188〜188-2）がそれぞれ定められています。

　このうち，原則的評価方式は支配株主にとっての株式価値を評価する方法であり，特例的評価方式は少数株主にとっての株式価値を評価する方法であるといえます。

　支配株主に該当するのか，少数株主に該当するのかは，贈与を受けた側の贈与直後の状態で判定します（櫻井元博編『株式・公社債評価の実務』123-124頁（大蔵財務協会，令和3年））。なお，財産評価基本通達では，支配株主のことを「同族株主」と表記し，少数株主のことを「同族株主以外の株主等」と表記しています。

　ただし，同通達189～189−7では，「特定の評価会社の株式」として，①比準要素数1の会社の株式，②株式等保有特定会社の株式，③土地保有特定会社の株式，④開業後3年未満の会社等の株式，⑤開業前または休業中の会社の株式及び⑥清算中の会社の株式の評価方法が定められています。

　なお，財産評価基本通達6項において，この通達の定めによって評価することが著しく不適当と認められる財産の価額は，国税庁長官の指示を受けて評価する旨が定められています。

Point!

☑　同族株主が保有する取引相場のない株式については，原則的評価方式により評価を行い，同族株主以外の株主等が保有する取引相場のない株式については，特例的評価方式により評価を行います。

---

(2)　原則的評価方式

①　概　要

　財産評価基本通達では，非上場会社（評価会社）を大会社，中会社及び小会社の3つに分類し，以下の方法により評価を行うことが定められています（財基通179）。

(i)　大会社

　類似業種比準方式により計算した金額と純資産価額方式により計算した金額のうちいずれか低い金額

(ii)　中会社

　以下のいずれか低い金額
　　• 類似業種比準価額と純資産価額の併用方式により計算した金額
　　• 純資産価額方式により計算した金額

※　併用方式については，類似業種比準価額×L＋純資産価額×（1－L）により計算しますが，算式中のLの折衷割合については，総資産価額（帳簿価額によって計算した金額），従業員数または直前期末以前1年間における取引金額に応じて，それぞれ次に定める割合のうちいずれか大きいほうの割合によって計算します。

イ．総資産価額（帳簿価額によって計算した金額）及び従業員数に応ずる割合

卸売業	小売・サービス業	その他	割合
400百万円以上（従業員数が35人以下の会社を除きます）	500百万円以上（従業員数が35人以下の会社を除きます）	500百万円以上（従業員数が35人以下の会社を除きます）	0.90
200百万円以上（従業員数が20人以下の会社を除きます）	250百万円以上（従業員数が20人以下の会社を除きます）	250百万円以上（従業員数が20人以下の会社を除きます）	0.75
70百万円以上（従業員数が5人以下の会社を除きます）	40百万円以上（従業員数が5人以下の会社を除きます）	50百万円以上（従業員数が5人以下の会社を除きます）	0.60

ロ．直前期末以前1年間における取引金額に応ずる割合

卸売業	小売・サービス業	その他	割合
700百万円以上3,000百万円未満	500百万円以上2,000百万円未満	400百万円以上1,500百万円未満	0.90
350百万円以上700百万円未満	250百万円以上500百万円未満	200百万円以上400百万円未満	0.75
200百万円以上350百万円未満	60百万円以上250百万円未満	80百万円以上200百万円未満	0.60

(iii)　小会社

以下のいずれか低い金額

- 類似業種比準価額と純資産価額の併用方式により計算した金額
- 純資産価額方式により計算した金額

※　併用方式については，類似業種比準価額×0.5＋純資産価額×0.5により計算します。

②　会社規模の判定

財産評価基本通達において，評価会社が大会社，中会社または小会社のいずれに該当するのかについては，総資産価額（帳簿価額によって計算した金額），従業員数または取引金額に応じて，以下の表のとおり定められています（財基通178）。

規模区分	区分の内容		総資産価額（帳簿価額によって計算した金額）及び従業員数	直前期末以前1年間における取引金額
大会社	従業員数が70人以上の会社または右のいずれかに該当する会社	卸売業	2,000百万円以上（従業員数が35人以下の会社を除きます）	3,000百万円以上
		小売・サービス業	1,500百万円以上（従業員数が35人以下の会社を除きます）	2,000百万円以上
		その他	1,500百万円以上（従業員数が35人以下の会社を除きます）	1,500百万円以上
中会社	従業員数が70人未満の会社で右のいずれかに該当する会社（大会社に該当する場合を除きます）	卸売業	70百万円以上（従業員数が5人以下の会社を除きます）	200百万円以上3,000百万円未満
		小売・サービス業	40百万円以上（従業員数が5人以下の会社を除きます）	60百万円以上2,000百万円未満
		その他	50百万円以上（従業員数が5人以下の会社を除きます）	80百万円以上1,500百万円未満
小会社	従業員数が70人未満の会社で右のいずれにも該当する会社	卸売業	70百万円未満または従業員数が5人以下	200百万円未満
		小売・サービス業	40百万円未満または従業員数が5人以下	60百万円未満
		その他	50百万円未満または従業員数が5人以下	80百万円未満

Point!

☑　会社の規模が大きくなればなるほど類似業種比準価額の比率が高まり，会社の規模が小さくなればなるほど純資産価額の比率が高まります。

③　類似業種比準方式

　類似業種比準価額とは，類似業種の株価，1株当たりの配当金額，年利益金額及び簿価純資産価額を基礎とし，次の算式によって計算した金額をいいます（財基通180）。なお，厳密には，1株当たりの資本金等の額を50円として計算する必要がありますが，簡便化のため，その処理については省略しています。

【類似業種比準方式の計算】

$$A \times \dfrac{\dfrac{b}{B} + \dfrac{c}{C} + \dfrac{d}{D}}{3} \times E$$

【各計算要素】

　A：類似業種の株価

　B：課税時期の属する年の類似業種の1株当たりの配当金額

　b：評価会社の1株当たりの配当金額

　C：課税時期の属する年の類似業種の1株当たりの年利益金額

　c：評価会社の1株当たりの利益金額

　D：課税時期の属する年の類似業種の1株当たりの簿価純資産価額

　d：評価会社の1株当たりの簿価純資産価額

　E：大会社の場合には0.7，中会社の場合には0.6，小会社の場合には0.5

　上記のうち，類似業種の株価は，①課税時期の属する月以前3か月間の各月の株価のうち最も低いもの，②前年平均株価，③課税時期の属する月以前2年間の平均株価のいずれかによることとされています（財基通182）。

　評価会社の配当金額，利益金額及び簿価純資産価額は，以下のように算定します（財基通183）。

(i)　配当金額

1株当たりの配当金額＝剰余金の配当金額÷発行済株式総数

留意事項

☑　剰余金の配当金額は，直前期末以前2年間におけるその会社の剰余金の配当金額を平均した金額になります。

☑　剰余金の配当金額から，特別配当，記念配当等の名称による配当金額のうち，将来毎期継続することが予想できない金額を除いて計算します。

(ii)　利益金額

1株当たりの利益金額＝法人税の課税所得金額÷発行済株式総数

留意事項

☑　課税所得金額は，直前期末以前1年間における法人税の課税所得の金額を基礎に計算します。ただし，納税義務者の選択により，直前期末以前2年間の各事業年度の法人税の課税所得金額の平均値とすることができます。

☑　課税所得金額は，以下のように調整計算する必要があります。なお，下記の調整計算の結果，マイナスの金額になる場合には，1株当たりの利益金額を0円として類似業種比準価額の計算を行います。

法人税の課税所得の金額
－）非経常的な利益の金額
＋）所得の計算上益金の額に算入されなかった利益の配当等の額
（所得税額に相当する金額を除きます）
＋）損金の額に算入された繰越欠損金の控除額
_____
調整後の課税所得金額

☑　課税所得金額の計算の基礎となった非経常的な損失の金額については，非経常的な利益の金額と異なり，特段の調整は必要ありません。そのため，非経常的な損失を多額に発生させた場合には，利益金額を多額に減

少させることができます。ただし，課税所得金額から減算すべき非経常的な利益の金額は，非経常的な損失の金額を控除した金額により計算します。具体的には，非経常的な利益の金額が100百万円，非経常的な損失の金額が60百万円である場合には，差額の40百万円を課税所得金額から減算します（国税庁HP「取引相場のない株式（出資）の評価明細書の記載方法等」第4表2(3)）。

(iii)　簿価純資産価額

1株当たりの簿価純資産価額＝直前期末の簿価純資産価額÷発行済株式総数

留意事項

☑　会計上の簿価純資産価額ではなく，法人税法上の簿価純資産価額（資本金等の額及び利益積立金額に相当する金額の合計額）により計算します。

☑　簿価純資産価額がマイナスになる場合には，1株当たりの簿価純資産価額を0円として類似業種比準価額の計算を行います。

Point!

☑　類似業種比準価額は，配当金額，利益金額，簿価純資産価額の3要素を上場会社と比較して計算します。

☑　配当金額と簿価純資産価額を引き下げることは難しいため，利益金額を引き下げることにより，株価対策を行うことが一般的です。

④　純資産価額方式

(i)　基本的な取扱い

純資産価額方式は，評価会社のすべての資産及び負債を財産評価基本通達に基づいて計算し，1株当たりの時価純資産価額を算定する方法です（財基通185）。なお，含み益の37％に相当する金額を「評価差額に対する法人税額等に相当する金額」として時価純資産価額から控除することができます（財基通186-2）。

　例えば，時価純資産価額が500百万円，簿価純資産価額が100百万円である場合には，含み益が400百万円であり，その37％である148百万円が「評価差額に対する法人税額等に相当する金額」になることから，純資産価額が352百万円になります。

(ii)　株式の取得者とその同族関係者の有する議決権数が50％以下である場合

　株式の取得者とその同族関係者の有する議決権数が50％以下である場合には，時価純資産価額の80％により純資産価額を算定します（財基通185但書）。この評価減は，小会社の純資産価額方式及び小会社もしくは中会社の併用方式における算式中の「1株当たりの純資産価額」を算定する場合にその適用が認められていますが，大会社または中会社が類似業種比準価額に代えて1株当たりの純資産価額を採用する場合には，その適用が認められていません（櫻井元博編『株式・公社債評価の実務』226頁（大蔵財務協会，令和3年））。

(iii)　内国子法人株式の評価

　評価会社が有する内国子法人株式についても，財産評価基本通達に従って，原則的評価方式であれば，大会社，中会社または小会社のそれぞれの評価方法，特例的評価方式であれば，(3)で後述する配当還元方式に基づいて評価を行います。

　しかしながら，当該内国子法人株式を純資産価額方式により評価を行う場合には，「評価差額に対する法人税額等に相当する金額」を時価純資産価額から控除することができません（財基通186-3）。

(iv)　外国子法人株式の評価

　原則として，評価会社が有する取引相場のない外国子法人株式を類似業種比準方式に準じて評価することはできないため，純資産価額方式により評価を行います（国税庁HP質疑応答事例「国外財産の評価—取引相場のない株式の場合(1)」）。

⑤　特定の評価会社の株式

　取引相場のない株式の評価は，原則として，前述の評価方法により算定しますが，(i)比準要素数1の会社の株式，(ii)株式等保有特定会社の株式，(iii)土地保有特定会社の株式，(iv)開業後3年未満の会社等の株式，(v)開業前または休業中の会社の株式及び(vi)清算中の会社の株式については，「特定の評価会社の株式」として異なる評価方法が定められています。

　これらの株式に該当してしまうと評価額が高くなりやすいため，実務上は，これらの株式に該当しないようにする必要があります。

(3)　特例的評価方式

　同族株主以外の株主等が取得した株式には，特例的評価方式（配当還元方式）が認められています。ただし，原則的評価方式による評価額のほうが特例的評価方式による評価額よりも低い場合には，その金額が評価額になります（財基通188－2）。

【特例的評価方式の計算式】

$$\text{1株当たりの配当還元価額} = \frac{\text{その株式に係る1株（50円）当たりの年平均配当金額（A）}}{10\%} \times \frac{\text{その株式の1株当たりの資本金等の額}}{50円}$$

$$A = \frac{\text{直前期末以前2年間の配当金額合計} \div 2}{\text{直前期末の資本金等の額} \div 50円}$$

Aの金額は1銭未満切捨て。

　上記の配当金額には，特別配当，記念配当等の非経常的な配当は含めません。そして，1株当たりの資本金等の額を50円に換算したときの1株当たりの配当金額（Aの金額）が2円50銭未満になったもの，または無配のものについては，2円50銭の配当を行ったものとして計算します。

2 法人税法

　法人税基本通達4－1－5及び9－1－13では，①6か月以内の売買事例があるもの，②公開途上にあるもの，③類似会社のあるもの，④それ以外に分けたうえで，同通達4－1－6及び9－1－14では，③④の代わりとして，課税上弊害がない限り，下記の修正を行ったうえで，財産評価基本通達に定める原則的評価方式または特例的評価方式により評価することが認められています。

(1)　原則的評価方式による場合には，小会社に該当するものとして評価を行います。そのため，折衷割合を1対1とした併用方式により計算した金額と純資産価額方式により計算した金額のうちいずれか低い評価額で評価を行います。ただし，類似業種比準価額の計算では，小会社に該当するものとして0.5を乗じるのではなく，大会社であれば0.7，中会社であれば0.6，小会社であれば0.5を乗じる点に留意が必要です（「『所得税基本通達の制定について』の一部改正について（法令解釈通達）」の趣旨説明（令和2年9月30日）参照）。

(2)　土地（土地の上に存する権利を含みます）または上場有価証券を有している場合には，算定基準日の時価による必要があります。そのため，土地の評価において路線価を利用することはできません。

(3)　純資産価額の評価にあたり，財産評価基本通達186－2により計算した評価差額に対する法人税額等に相当する金額を控除することはできません。

Point!

☑　純資産価額との折衷が必要になることや，土地を時価で評価する必要があることなどから，相続税法上の時価に比べて高い評価額になることが一般的です。

③ 所得税法

　所得税法では，所得税基本通達23〜35共 - 9，59 - 6において譲渡人の取扱いが定められています。

　具体的に定められている内容は法人税基本通達とほとんど変わりませんが，原則的評価方式と特例的評価方式のいずれを採用するかを，譲渡直前の議決権の数により判定することが明確に定められています。

第2章 相続時精算課税制度は，適用要件と非課税枠のみを理解する

 本章のポイント

- 相続時精算課税制度を利用することにより，相続税評価額が低いタイミングで非上場株式等を後継者に贈与したうえで，相続税の計算を行うことができます。

　相続時精算課税制度は，親から子への財産の早期移転による財産の有効活用を通じた経済の活性化に資することを目的として導入されました（相法21の9～21の18）。

　この制度は，60歳以上の父母または祖父母（贈与者）からの贈与により財産を取得した18歳以上の子または孫（受贈者）の選択により，暦年課税による贈与税制度に代えて，贈与時に贈与財産に対する贈与税（非課税枠：累積で2,500万円，税率：一律20％）を支払い，その後の相続時に贈与財産と相続財産とを合算した価額を基に計算した相続税から，すでに支払った贈与税を控除するという制度です。

　この制度は，受贈者ごとに選択できますが，いったん選択すると，選択した年から贈与者が亡くなる時まで継続適用することとされており，途中で取り消すことはできません。

Point!

☑　贈与時の価額により相続税の計算が行われることから，相続税評価額が低いタイミングで非上場株式等を後継者に贈与することができるため，事業承継を円滑に行うための手法として活用することが考えられます。

第3章 事業承継税制を適用したら二次相続以降も適用する必要がある

☞ **本章のポイント**

- 特例事業承継税制を適用するためには，令和 6 年 3 月31日までに特例承継計画を提出し，令和 9 年12月31日までに贈与または相続等を行う必要があります。
- 事業承継税制を適用した場合には，二次相続以降も事業承継税制を適用する必要があるため，令和 6 年度税制改正の内容に注目しておく必要があります。
- 実務上は，資産保有型会社及び資産運用型会社に該当させないことが重要になります。

1 制度の概要

事業承継税制とは，一定の要件を満たした場合に，贈与税または相続税の納税を猶予し，後継者の死亡等により猶予税額が免除される制度をいいます。

事業承継税制は，贈与税の納税猶予制度と相続税の納税猶予制度の 2 つに分かれており，いきなり相続税の納税猶予制度を利用することもできますが，生前贈与を行ったときに贈与税の納税猶予制度を利用したうえで，相続開始の時点で相続税の納税猶予制度に切り替えることもできます。

すなわち，後者の場合には，先代経営者が死亡したことにより，贈与税が免除されますが（措法70の 7 の 5 ⑪，70の 7 ⑮），非上場株式等を相続等により

取得したものとみなされるため，原則として，相続税の課税対象になります（措法70の7の7）。そのため，この時点で，相続税の納税猶予制度を利用することも認められています（措法70の7の8）。

　なお，厳密には，平成21年度税制改正により導入された「一般事業承継税制」と平成30年度税制改正により時限立法として導入された「特例事業承継税制」があります。しかしながら，特例事業承継税制のほうが有利であることから，一般事業承継税制を利用することはそれほど多くはないと思われます。したがって，本書では，簡便化のため「特例事業承継税制」を「事業承継税制」と表記しています。なお，特例事業承継税制を適用するためには，令和6年3月31日までに特例承継計画を提出し，令和9年12月31日までに贈与または相続等を行う必要があります。

Point!

☑　実務上は，非上場株式等の承継の時期がコントロールしやすいという理由により，贈与税の納税猶予制度を利用したうえで，相続開始の時点で相続税の納税猶予制度に切り替えることが多いと思われます。

②　非上場株式等に係る贈与税の納税猶予の特例制度

(1)　制度の概要

　贈与税の納税猶予制度とは，特例経営承継受贈者（後継者）が，特例贈与者（先代経営者等）から贈与により非上場株式等を取得した場合に，その特例経営承継受贈者が納付すべき贈与税額のうち，贈与により取得した議決権株式等に係る贈与税の納税を猶予するという制度のことをいいます（措法70の7の5）。この制度の適用を受けるためには，中小企業における経営の承継の円滑化に関する法律12条1項の認定を受ける必要があります。

　また，この制度は贈与税額の納税猶予であり，免除ではないことから，例えば承継した非上場株式等を譲渡した場合には，猶予されていた贈与税及び利子

税の納税をする必要があります。

　なお，納税猶予の対象となる非上場会社が，外国会社の株式，医療法人の出資または一定割合以上の上場会社の株式を有している場合には，その部分の金額については除外して猶予税額を算定する必要がありますが（措法70の７の５②ハイ，70の７の６②ハ，措令40の８の５⑮，40の８の６⑮），やや応用論点ですので本書ではその解説は省略しています。

> **Point!**
> ☑　一般事業承継税制と異なり，贈与により取得した非上場株式等の全株式に対して贈与税の全額を猶予することができます。
> ☑　一般事業承継税制と異なり，雇用確保要件が事実上課されていません。

(2)　特例経営承継受贈者

　特例経営承継受贈者とは，特例贈与者から贈与により特例認定贈与承継会社の非上場株式等の取得をした個人で，次に掲げる要件のすべてを満たす者をいいます（措法70の７の５②六）。

　なお，厳密には，特例経営承継受贈者が２人または３人である場合についても規定されていますが，実務上は，特例経営承継受贈者が１人であることがほとんどであるため，ここでは，特例経営承継受贈者が１人である場合についてのみ記載しています。

> イ．贈与の日において18歳以上であること。
> ロ．贈与の時において，特例認定贈与承継会社の代表権（制限が加えられた代表権を除きます）を有していること。
> ハ．贈与の時において，同族関係者が保有する非上場株式等と合算したうえで，特例認定贈与承継会社に係る総株主等議決権数の100分の50を超える数の非上場株式等を有していること。
> ニ．贈与の時において有する特例認定贈与承継会社の非上場株式等に係る議

決権の数が，同族関係者のうちいずれの者が有する当該特例認定贈与承継
会社の非上場株式等に係る議決権の数を下回らないこと。

ホ．贈与の時から贈与の日の属する年分の贈与税の申告書の提出期限（当該
提出期限前に当該個人が死亡した場合には，その死亡の日）まで引き続き
当該贈与により取得をした当該特例認定贈与承継会社の特例対象受贈非上
場株式等のすべてを有していること。

ヘ．贈与の日まで引き続き3年以上にわたり当該特例認定贈与承継会社の役
員その他の地位を有していること。

ト．一般事業承継税制の適用を受けていないこと。

チ．特例認定贈与承継会社の経営を確実に承継する者であると認められるこ
と。

Point!

☑　実務上は，贈与の日まで引き続き3年以上にわたり役員その他の地位を有し
ていることが重要になります。

(3)　特例贈与者

　特例贈与者には，先代経営者とそれ以外の少数株主の2つが挙げられます。
先代経営者とは，特例認定贈与承継会社の代表権（制限が加えられた代表権を
除きます）を有していた個人で，次に掲げる要件のすべてを満たすものをいい
ます（措令40の8の5①一）。

イ．贈与の直前（贈与の直前において特例認定贈与承継会社の代表権を有し
ない場合には，代表権を有していた期間内のいずれかの時及び当該贈与の
直前）において，同族関係者が保有する非上場株式等と合算したうえで，
当該特例認定贈与承継会社の総株主等議決権数の100分の50を超える数の
非上場株式等を有していること。

ロ．贈与の直前（贈与の直前において特例認定贈与承継会社の代表権を有し

　ない場合には，代表権を有していた期間内のいずれかの時及び当該贈与の
　直前）において有する特例認定贈与承継会社の非上場株式等に係る議決権
　の数が，同族関係者のうちいずれの者が有する当該特例認定贈与承継会社
　の非上場株式等に係る議決権の数を下回らないこと。
ハ．贈与の時において，特例認定贈与承継会社の代表権を有していないこと。

　なお，先代経営者からの贈与に伴い，先代経営者以外の少数株主から贈与を
受ける場合についても，事業承継税制の適用を受けることができますが，当該
少数株主に対しては，上記のような制限は課されていません（措令40の8の5
①二）。

> **Point!**
> ☑　実務上は，オーナー経営者が発行済株式総数の過半数を有していることが多
> 　いため，上記の要件を自動的に満たす事案が多いと思われます。
> ☑　事業承継税制は，中小企業における経営の承継の円滑化に関する法律12条1
> 　項の認定を受ける必要があるところ，民法上の贈与には低廉譲受は含まれてい
> 　ないことから，特例経営承継受贈者が少数株主から特例認定贈与承継会社の非
> 　上場株式等を買い取る場合において，原則的評価方式よりも低い価額で買い
> 　取ったとしても，納税猶予の対象にすることができないため，特例経営承継受
> 　贈者に贈与税が課されてしまう点に注意しましょう。

(4)　適用対象会社

　贈与税の納税猶予制度の適用を受けられる会社を「特例認定贈与承継会社」
といい，以下の3つの要件を満たす必要があります。

①　中小企業者の要件（円滑化法2，円滑化令1）

　次頁の資本金の額と従業員数のいずれかの要件を満たすこと。

【円滑化法】

業　種	資本金の額	従業員数
製造業，建設業，運輸業，その他	300百万円以下	300人以下
卸売業	100百万円以下	100人以下
サービス業	50百万円以下	100人以下
小売業	50百万円以下	50人以下

【政令により拡大した業種】

業　種	資本金の額	従業員数
ゴム製品製造業	300百万円以下	900人以下
ソフトウェア業，情報処理サービス業	300百万円以下	300人以下
旅館業	50百万円以下	200人以下

> **Point!**
> ☑　資本金の額のみで中小企業者に該当することもできます。

② 　税制上の要件（措法70の7の5②一，措令40の8の5⑨，40の8⑩）

　下記のすべての要件を満たすこと。

> イ．常時使用従業員の数が1人以上であること。
> ロ．資産保有型会社または資産運用型会社に該当しないこと。
> ハ．非上場株式等に該当すること。
> ニ．風俗営業会社に該当しないこと。
> ホ．特別関係会社が外国会社に該当する場合にあっては，当該会社の常時使用従業員の数が5人以上であること。
> ヘ．総収入金額が0円を超えること。
> ト．特例経営承継受贈者以外の者が黄金株を有していないこと。
> チ．中小企業における経営の承継の円滑化に関する法律2条に規定する中小企業者に該当すること。

　ただし，贈与前3年以内に特例経営承継受贈者（同族関係者を含みます）から現物出資または贈与により取得した資産合計額の総資産に占める割合が70％以上である場合には，本特例を適用することはできません（措法70の7の5㉔，

70の7㉙）。

③　経済産業大臣の認定要件（円滑化規6①十一）

　下記のすべての要件を満たすこと。

イ．上場会社等または風俗営業会社のいずれにも該当しないこと。

ロ．資産保有型会社に該当しないこと。

ハ．資産運用型会社に該当しないこと。

ニ．総収入金額が0円を超えること。

ホ．常時使用する従業員の数が1人以上（中小企業者の特別子会社が外国会社に該当する場合にあっては5人以上）であること。

ヘ．贈与の時以後において，中小企業者の特定特別子会社が上場会社等，大会社または風俗営業会社のいずれにも該当しないこと。

ト．後継者が特例経営承継受贈者であること。

チ．特例贈与者が保有する株式等を一括贈与（3分の2に達するまで，または全株）すること。

リ．特例経営承継受贈者以外の者が黄金株を有していないこと。

Point!

　☑　実務上は，資産保有型会社及び資産運用型会社に該当させないことが重要になります。

(5)　資産保有型会社及び資産運用型会社

①　資産保有型会社

　資産保有型会社とは，総資産に占める不動産や金融資産の割合が大きい会社をいいます。具体的には，贈与の日の属する事業年度の直前事業年度の開始の日から納税の猶予に係る期限が確定する日までの期間内のいずれかの日において，次のイ及びハに掲げる金額の合計額に対するロ及びハに掲げる金額の合計

額の割合が100分の70以上となる会社をいいます（措法70の7の5②三，70の7②八）。

イ．その日における当該会社の総資産の貸借対照表に計上されている帳簿価額の総額

ロ．その日における当該会社の特定資産の貸借対照表に計上されている帳簿価額の合計額。なお，特定資産とは，以下に掲げるものをいいます（措規23の9⑮，円滑化規1⑫二）。

- 有価証券及び有価証券とみなされる権利（ただし，当該会社の特別子会社が資産保有型子会社または資産運用型子会社に該当しない場合には，当該特別子会社の株式は除外します）
- 自ら使用していない不動産（遊休不動産，賃貸不動産及び販売用不動産）
- ゴルフ場その他の施設の利用に関する権利
- 絵画，彫刻，工芸品その他の有形の文化的所産である動産，貴金属及び宝石
- 現金，預貯金その他これらに類する資産（特例経営承継受贈者及び同族関係者に対する貸付金，未収金その他これらに類する資産を含みます）

ハ．その日以前5年以内において，特例経営承継受贈者及び同族関係者が当該会社から受けた剰余金の配当等の額と過大役員給与等の合計額

（注1）　税務上の帳簿価額ではなく，会計上の帳簿価額により判定します（中小企業庁財務課「中小企業経営承継円滑化法申請マニュアル」第7章用語・定義6頁（令和3年4月改訂版））。

（注2）　特別子会社とは，会社並びにその代表者及び当該代表者に係る同族関係者が他の会社の総株主等議決権数の100分の50を超える議決権の数を有する場合における当該他の会社をいいます（円滑化規1⑩）。

②　資産運用型会社

　資産運用型会社とは，総収入金額に占める不動産や金融資産からの収入の割合が大きい会社をいいます。具体的には，贈与の日の属する事業年度の直前事業年度の開始の日から納税の猶予に係る期限が確定する日の属する事業年度の直前事業年度終了の日までの期間内のいずれかの事業年度における総収入金額に占める特定資産の運用収入の合計額の割合が100分の75以上となる会社をいいます（措法70の7の5②四，70の7②九）。

　この場合における特定資産の運用収入には，特定資産に係る配当金，受取利息，受取家賃や特定資産を譲渡した場合のその譲渡価額がそれぞれ含まれます。そのため，平成31年度税制改正により，事業活動のために必要な資金を調達するために特定資産を譲渡したことにより，一時的に上記の割合が100分の75以上になったとしても，当該事業年度開始の日から当該事業年度終了の日の翌日以後6か月を経過する日の属する事業年度終了の日までの期間を除外して資産運用型会社に該当するかどうかを判定するという特例が定められました（措令40の8㉒但書，措規23の9⑯）。

③　例外規定

　資産保有型会社または資産運用型会社に該当したとしても，次に掲げる要件のすべてに該当する場合には事業実態があるとされるため，事業承継税制の適用を受けることができます（措令40の8の5⑤，40の8⑥）。

　イ．当該資産保有型会社または資産運用型会社が，贈与の日まで引き続き3
　　年以上にわたり，商品の販売その他の業務で財務省令に定めるものを行っ
　　ていること。
　ロ．イの贈与の時において，親族外従業員の数が5人以上であること。
　ハ．イの贈与の時において，ロの親族外従業員が勤務している事務所，店舗，
　　工場その他これらに類するものを所有し，または賃借していること。

Point!

☑　資産保有型会社または資産運用型会社に該当したとしても，親族外従業員が５人以上いるなどの要件を満たすことができれば，事業承継税制の適用を受けることができます。

(6)　贈与税額の免除

①　特例贈与者が死亡した場合

　先代経営者である特例贈与者が死亡した場合には，猶予されている贈与税は免除されます（措法70の7の5⑪，70の7⑮）。しかし，生前贈与を受けた特例認定贈与承継会社の非上場株式等が相続または遺贈により取得したものとみなされ，相続税が課されてしまいます（措法70の7の7）。そのため，この場合に課される相続税についても，一定の要件を満たした場合には，その課税価格に対応する相続税の全額に対して，相続税の納税猶予の適用を受けることができます（措法70の7の8）。

②　それ以外

　上記のほか，以下の場合には，猶予されている贈与税の全額が免除されます（措法70の7の5⑪，70の7⑮〜⑰）。

イ．特例経営承継受贈者が死亡した場合
ロ．特例経営承継受贈者が特例認定贈与承継会社の非上場株式等を次の後継者へ贈与した場合において，その後継者が贈与税の納税猶予の特例の適用を受ける場合
ハ．その他，法的整理や組織再編が行われた場合のうち，一定の場合

Point!

☑　上記の理由により，二次相続以降も，事業承継税制を適用する必要があります。

⑺　猶予税額の納付（猶予期限の確定）

　①特例経営承継受贈者が代表権を有しないこととなった場合，②非上場株式等を譲渡した場合，③解散した場合，④資本金または準備金の額を減少した場合，⑤一定の組織再編を行った場合など，一定の事由に該当した場合には，贈与税及び利子税の納税が必要になります。

　そのため，事業承継税制を適用してしまうと，その後のM&A，組織再編及び資本等取引がやりにくくなるといわれています。したがって，事業承継税制を適用する前に組織再編を終わらせておく必要がありますし，事業承継税制を適用した後は，二次相続以降も事業承継税制を適用する必要があります。

　自民党と公明党が公表した令和4年度税制改正大綱では，令和6年3月31日を提出期限とする特例事業承継税制の延長がない旨が明記されていることから，令和6年度税制改正において，一般事業承継税制が改正される可能性があるといわれています。令和6年3月31日までに特例承継計画を提出するかどうか，令和9年12月31日までに贈与を終了させるかどうかについては，令和6年度税制改正大綱の内容を踏まえながら，慎重な対応が必要になります。

> **Point!**
> ☑　事業承継税制を適用した後に，M&A，組織再編または資本等取引を行った場合には，猶予期限が確定してしまうことがあるため，注意しましょう。

③　非上場株式等に係る相続税の納税猶予の特例制度

　贈与税の納税猶予制度と同様に，相続税の納税猶予制度についても定められています。具体的な内容については，特例経営承継相続人等の定義以外は，贈与税の納税猶予制度と大きく変わりません。そして，特例経営承継相続人等とは，特例被相続人から特例認定承継会社の非上場株式等の取得をした個人で，次に掲げる要件のすべてを満たす者をいいます（措法70の7の6②七）。なお，

厳密には，特例経営承継相続人等が2人または3人である場合についても規定されていますが，実務上は，特例経営承継相続人等が1人であることがほとんどであるため，ここでは，特例経営承継相続人等が1人である場合についてのみ記載しています。

イ．相続の開始の日の翌日から5か月を経過する日において，特例認定承継会社の代表権を有していること。

ロ．相続の開始の時において，同族関係者が保有する非上場株式等と合算したうえで，特例認定承継会社に係る総株主等議決権数の100分の50を超える数の非上場株式等を有していること。

ハ．相続の開始の時において有する特例認定承継会社の非上場株式等に係る議決権の数が，同族関係者のうちいずれの者が有する当該特例認定承継会社の非上場株式等に係る議決権の数を下回らないこと。

ニ．相続の開始の時から相続に係る相続税の申告書の提出期限（当該提出期限前に当該個人が死亡した場合には，その死亡の日）まで引き続き当該相続または遺贈により取得をした当該特例認定承継会社の特例対象非上場株式等のすべてを有していること。

ホ．一般事業承継税制の適用を受けていないこと。

ヘ．相続の開始の直前において当該会社の役員であること（当該相続に係る被相続人が70歳未満で死亡した場合または当該個人が特例承継計画に特例後継者として記載されている場合を除きます）

---

4 個人事業者の事業用資産に係る納税猶予制度

事業承継税制は手間がかかることから，対象となる非上場株式等の相続税評価額が一定金額以上にならないとメリットがないという意見が一般的です。一定金額がいくらなのかについては1億円という人もいれば，5億円という人もいますが，いずれにしても数千万円程度では，事業承継税制を適用する意味が

ないといえます。

　これに対し，平成31年度税制改正で導入された「個人事業者の事業用資産に係る納税猶予制度」については，この制度を利用するほどの規模になれば，法人化されていることが一般的であることから，実際に利用される事案はそれほど多くはないと思われます。

　そのため，制度の存在を知っておく必要はあると思いますが，その内容までは理解する必要はないと思われます。

⑤　次へのステップのために

　実務上，そのまま事業承継税制を適用する事案も少なくありませんが，事業承継税制を適用する前に，組織再編を行ったり，個人財産を移転したりすることがあります。さらに，事業承継税制の適用を受けた法人がM&Aの対象になる場合やM&Aを行った後に事業承継税制の適用を受ける場合も考えられます。ここでは，その概要について解説します。

(1)　M&Aへの影響

①　事業承継税制の適用を受けた法人が全部の事業をM&Aの対象にする場合

　事業承継の時点では想定していなかったとしても，事業承継税制の適用を受けた法人を対象とするM&Aが行われることがあり得ます。この場合には，猶予された贈与税もしくは相続税及び利子税をそれぞれ支払う必要があります。

　猶予税額よりも低い金額でしか売れないような場合や経営環境の変化を示す一定の要件を満たす場合には，猶予税額を減額できる特例が認められていますが，そこまで業績が悪化してしまった案件のM&Aはほとんど成立しません。

　そのため，一定の場合には，猶予税額を減額できる特例があるということは知っておく必要はありますが，具体的な内容については理解する必要はないと思われるため，解説を割愛します。

②　事業承継税制の適用を受けた法人が一部の事業をM&Aの対象にする場合

　事業承継税制の適用を受けた法人が一部の事業を譲渡したとしても，猶予期限が確定する場合に該当することは稀であると思われます。もちろん，特定資産を譲渡した場合には，特定資産の譲渡価額が特定資産の運用収入に含まれることから，一時的に資産運用型会社になることは考えられますが，平成31年度税制改正により，事業活動のために必要な資金を調達するために特定資産を譲渡したことにより，一時的に100分の75以上の割合になったとしても，猶予期限の確定事由に該当しないこととされました。

　これに対し，M&A対象外の事業を切り離してから非上場株式等を譲渡した場合には，その非上場株式等を譲渡したことにより，猶予期限が確定してしまうことから，M&A対象外の事業を切り離してから非上場株式等を譲渡する手法を採用できないことがほとんどです。

【M&A対象外の事業を切り離してから非上場株式等を譲渡する方法】

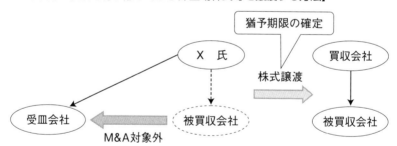

③　M&Aや不動産の譲渡を行った後に，事業承継税制の適用を受ける場合

　M&Aや不動産の譲渡を行った後の非上場株式等に対して，事業承継税制を適用することがあります。残った事業に対して事業承継税制を適用することができれば，贈与税及び相続税の大幅な節税が可能になるからです。

　ただし，M&A対象外の事業を切り離してから非上場株式等を譲渡した場合において，贈与税の納税猶予の特例を適用するためには，後継者が贈与の日まで引き続き3年以上にわたり特例認定贈与承継会社の役員その他の地位を有し

ていることが必要になることから，当面の間はこの特例を受けることができないという問題が生じます。

【M&A対象の事業を譲渡する方法】

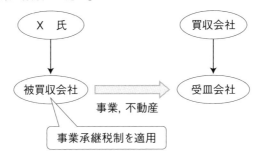

【M&A対象外の事業を切り離してから非上場株式等を譲渡する方法】

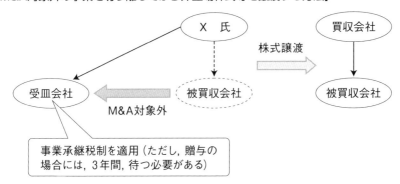

(2)　組織再編後の事業承継税制

　前述のように，事業承継税制を適用した後にM&A，組織再編または資本等取引を行ってしまうと，猶予期限が確定してしまう可能性があります。そのため，事業承継税制を適用した後に組織再編をするのではなく，組織再編を行ってから事業承継税制を適用すべきです。

　そして，資産保有型会社及び資産運用型会社の判定は連結ではなく単体で行うため，単独では資産保有型会社または資産運用型会社になる法人であっても，

事業会社と合併することにより，総資産または総収入金額に占める割合が減少し，資産保有型会社及び資産運用型会社から外れることがあります。

さらに，別々に事業承継税制を適用するよりは，1つにまとめてしまったほうがその後の管理がしやすいというメリットもあります。

そのため，オーナーが複数の法人を保有している場合には，合併，株式交換または株式移転により，事業承継税制を適用する前に，1つにまとめることを検討することも少なくありません。

⑶　個人財産を移転する場合の留意点

①　現物出資または贈与における適用除外

資産保有型会社及び資産運用型会社に該当しなかったとしても，贈与または相続前3年以内に特例経営承継受贈者または特例経営承継相続人（同族関係者を含みます）から現物出資または贈与により取得した資産合計額の総資産に占める割合が70％以上である場合には，事業承継税制の適用を受けることができません（措法70の7の5㉔，70の7の6㉕，70の7㉙，70の7の2㉚）。

そのほか，本制限規定を免れたとしても，贈与税及び相続税の負担を不当に減少すると認められる場合には，同族会社等の行為計算の否認が適用される可能性があります（措法70の7の5⑩，70の7の6⑪，70の7⑭，70の7の2⑮）。

②　中小企業者の定義

前述のように，事業承継税制の適用を受けるためには中小企業者に該当する必要があり，中小企業者に該当するためには資本金の額または従業員数のいずれかにつき一定の要件を満たす必要があります。

従業員数により中小企業者の要件を満たすのであれば問題ありませんが，資本金の額により中小企業者の要件を満たそうとする場合には，現物出資または金銭出資により資本金の額が増加することにより，中小企業者に該当しなくなってしまうことがあります。

③　資産超過会社に対するDES

　実務上，オーナーから会社に対する金銭債権をDES（デット・エクイティ・スワップ）により株式化することも考えられます。なぜなら，金銭債権の場合にはその券面額が相続税の課税標準になるのに対し，非上場株式等に対しては事業承継税制を適用することができるからです。

　なお，第1編第3章で解説したように，債務超過会社の場合には債務消滅益課税の問題がありますが，資産超過会社の場合には券面額と回収可能額が等しい場合がほとんどであるため，このような問題が生じないことが多いと思われます。

　例えば，被現物出資法人における借入金の帳簿価額が300であり，時価（回収可能額）も300である場合の税務上の仕訳は以下のとおりです。

【現物出資の仕訳】

　（貸　　付　　金）　　　　300　　（資本金等の額）　　　　300

【混同による消滅】

　（借　　入　　金）　　　　300　　（貸　　付　　金）　　　　300

　　　　　　　　　　　　　　　　　（債 務 消 滅 益）　　　　　0

【著者略歴】

佐藤　信祐（さとう　しんすけ）

公認会計士
平成11年　朝日監査法人（現有限責任あずさ監査法人）入社
平成13年　公認会計士登録，勝島敏明税理士事務所（現デロイトトーマツ税理士
　　　　　法人）入所
平成17年　税理士登録，公認会計士・税理士佐藤信祐事務所開業

長谷川　太郎（はせがわ　たろう）

税理士
平成14年　税理士法人トーマツ（現デロイトトーマツ税理士法人）入社
平成17年　税理士試験合格
平成26年　税理士法人トーマツを退職し，大手精密機器メーカーに入社
平成28年　税理士登録
平成28年　ひのき共同税務会計事務所　新宿オフィス代表就任

これだけ！　組織再編＆事業承継税制（第3版）

2018年 7 月 5 日　第 1 版第 1 刷発行	
2018年11月 5 日　第 1 版第 3 刷発行	
2020年 9 月15日　第 2 版第 1 刷発行	
2021年 1 月10日　第 2 版第 2 刷発行	
2022年 7 月15日　第 3 版第 1 刷発行	
2024年 7 月10日　第 3 版第 4 刷発行	

著　者　　佐　藤　信　祐
　　　　　長　谷　川　太　郎
発行者　　山　本　　　継
発行所　　㈱中央経済社
発売元　　㈱中央経済グループ
　　　　　パブリッシング

〒101-0051　東京都千代田区神田神保町1-35
電　話　03(3293)3371(編集代表)
　　　　03(3293)3381(営業代表)
https://www.chuokeizai.co.jp
印刷／東光整版印刷㈱
製本／㈲井上製本所

©2022
Printed in Japan

＊頁の「欠落」や「順序違い」などがありましたらお取り替えいた
しますので発売元までご送付ください。(送料小社負担)

ISBN978-4-502-43291-0 C3034

JCOPY〈出版者著作権管理機構委託出版物〉本書を無断で複写複製（コピー）することは，
著作権法上の例外を除き，禁じられています。本書をコピーされる場合は事前に出版者著
作権管理機構（JCOPY）の許諾を受けてください。
　　JCOPY〈https://www.jcopy.or.jp　eメール：info@jcopy.or.jp〉